JACQUES VILLERET,

MON BÉBÉ BLANC

Seny

JACQUES VILLERET, MON BÉBÉ BLANC

Collection
Documents

le
cherche
midi

À Jacques.
À l'amour et à l'amitié.

SENY

23, rue du Cherche-Midi, 75006 Paris.

Vous pouvez consulter notre catalogue général et l'annonce
de nos prochaines parutions sur notre site Internet : cherche-midi.com

Princesse, nous serons maîtres de la mort.
Retiens ce message, Princesse,
nous serons le Ciel et la Terre.

Léopold Sédar SENGHOR [1]

1. « Épîtres à la Princesse », *Éthiopiques*, in *Œuvre poétique*, Le Seuil, 1990.

J'ai commencé à écrire mes souvenirs le 1er avril 2004. J'allais avoir 37 ans. Je pensais en avoir terminé avec la souffrance, les larmes... La petite princesse black avait trouvé son prince aux grands yeux bleus : Jacques.

Il m'appelait bébé noir. Je l'appelais bébé blanc.

Il m'avait dit :

– Tu devrais écrire, raconter ce que tu as vécu.

À force de l'entendre me le répéter, encore et encore, j'ai été convaincue qu'il avait raison, qu'un tel exercice me permettrait de faire le point. Peut-être d'effacer toutes les souffrances que j'avais endurées.

Je lui disais :

– Mais, Jacques, je n'écris pas bien !

Il me répondait :

– Ne t'en fais pas. Raconte, raconte à ta façon, avec tes mots. Écris, bébé. Écris.

Si j'avais su...

Si j'avais su que la vie me réservait encore une de ces mauvaises surprises dont elle semble décidément inépuisable à mon égard, sans doute n'aurais-je rien entrepris.

Mais voilà : j'avais commencé à raconter, pour Jacques et pour moi.

J'irai jusqu'au bout. Pour Jacques.

*

Il était une fois...

Il était une fois une princesse...

Son grand-père était le *burr saloum*, descendant de la longue lignée des chefs du vieux royaume de Saloum appartenant à l'ethnie des Sérères. Il s'appelait Mor Diarra N'Dao. C'était un vrai Guelwâr [1].

Un roi.

Bien sûr, les prérogatives du roi de Saloum s'étaient dissoutes au fil du temps colonial, puis de l'indépendance.

Mais, même si son titre n'était plus qu'honorifique, un roi demeurait un roi, à jamais.

Mon grand-père a terminé sa vie en tant que retraité des douanes, en 1989, mais toujours garant des valeurs traditionnelles.

*

Il était une fois une princesse, donc.

Cette princesse, c'est moi : Seny.

1. Guelwâr : mot sérère qui désigne le noble, descendant des conquérants Mandingues (*in* Léopold Sédar Senghor, *Œuvre poétique*, lexique, Le Seuil, 1990).

Première partie

1

On m'appelait Touty.

Chez nous, au Sénégal, Touty, c'est « la petite ». C'est une appellation affectueuse et elle permettait en outre de me distinguer d'une autre Seny qui était ma demi-sœur. J'étais la plus jeune, la petite. Touty.

Si les souvenirs me reviennent en mémoire à foison, je dois dire que tout ça n'est pas très précis quant aux dates. Mais après tout, qu'importe : ce qui compte pour moi, c'est de raconter ce que j'ai vécu, pas de faire œuvre d'historienne !

Autant préciser d'entrée que le lecteur européen risque d'être quelque peu dérouté par les notions que nous avons, chez nous, des différentes définitions des membres de la famille. Cousins, oncles et tantes... tous ces mots n'ont pas toujours, tant s'en faut, un sens aussi précis qu'en France. Par exemple, ici en France, lorsque des enfants n'ont qu'un parent commun – père ou mère –, ce sont des demi-frères, ou demi-sœurs. Chez nous, on ne fait pas ce distinguo : on parle tout simplement de frères et de sœurs, sans chercher à en préciser la définition !

Cette histoire de Touty, j'ai d'abord pensé qu'on pourrait l'intituler *Touty, l'enfant battue*. Mais, finalement, autant raconter les choses en utilisant mon vrai prénom, Seny. Et, si j'ai été battue – pas qu'un peu : mon corps en porte les traces, à jamais –, ce n'est pas là toute mon histoire.

Je suis née à Saint-Louis, au Sénégal, le 10 avril 1967, dans la chambre de ma grand-mère maternelle. Je suis un bébé tout maigrichon avec des cheveux très fins hérités de cette mamy.

Ma mère est une femme très belle. Quand il m'arrive de penser à elle, je vois le visage de Grace Kelly.

Mon père s'appelle Guedal N'Dao. Il fait partie de la famille des Guelwâr. Son père, mon cher papy dont je parlerai longuement, est roi. Il habite au cœur du royaume de Saloum, à Kaolack.

Je n'ai jamais su pour quelle raison mon père, après avoir tardé à déclarer ma naissance, m'avait rajeuni de quatre ans, lorsqu'il s'en était préoccupé, en m'inscrivant à l'état civil de Kaolack avec pour date de naissance le 24 avril 1971.

Que j'aimerais pouvoir, d'un coup de baguette magique, rajeunir effectivement de plusieurs années ! J'aurais alors tant de moments de bonheur à vivre...

*

Mes premiers souvenirs... J'ai environ 4 ans. Nous sommes donc à Saint-Louis du Sénégal.

Un matin, très tôt, ma mère m'a réveillée, douchée, habillée et nous sommes parties avec ma petite valise à la gare routière. Nous avons pris un taxi-brousse dans lequel je me suis endormie.

Quelques heures plus tard, je me suis réveillée au cœur d'une grande maison. Nous sommes à Kaolack, à environ deux cents kilomètres de Saint-Louis, dans la région du Saloum.

Il y a beaucoup de monde dans cette grande maison : ce n'est pas comme chez maman !

Je dois me sentir un peu perdue parmi tous ces gens, car je me mets à pleurer dans les bras de ma maman. Aussitôt, voilà qu'intervient une femme. Elle m'arrache sans ménagement des bras de ma mère en me houspillant très sévèrement :

– Tais-toi, arrête de pleurer !

Je trouve cette femme bien méchante ! Elle me fait peur et, si je m'arrête effectivement de pleurer, je suis si secouée que je tremble de tous mes membres.

Le soir venu, on me couche dans une chambre occupée par une femme et une autre petite fille qui doit avoir 5 ans, une cousine, donc. Pour la première fois, me voilà séparée de ma mère. Je pleure, sans faire de bruit, en douceur, pour que la méchante dame ne m'entende pas.

Je me suis endormie, écrasée de fatigue. Le lendemain matin, j'ai entendu ma mère parler avec la méchante dame. J'avais envie de faire pipi, mais n'osais pas me lever. Et j'ai fait pipi au lit, moi à qui cela n'arrivait plus jamais.

A-t-elle deviné ? Toujours est-il qu'au réveil ma cousine me dit :

– Moi, je n'ai pas fait pipi dans ma culotte ! Et toi ?

Je ne réponds pas, car j'ai peur. Et voilà qu'elle vient tâter l'endroit que j'ai mouillé. Elle court aussitôt le dire à sa mère, celle qui sera désormais pour moi « la méchante ». Je dois dire qu'elle porte bien ce nom que je lui attribue en secret...

Ma mère est venue :

– Mon bébé, il fallait te lever pour aller faire pipi aux toilettes !

Et elle m'a emmenée me doucher.

Mais alors la méchante femme est entrée dans la douche. Elle m'a regardée avec des yeux effrayants et m'a dit :

– Si, une fois encore, tu fais pipi dans un de mes lits, je mettrai des piments dans ta nénette pourrie !

Ce n'était pas une menace en l'air : les piments dans la nénette, comme elle dit, j'y aurai droit.

Après la douche, ma maman a dit au revoir à tout le monde. À moi aussi. Et elle est repartie dans un taxi pour rentrer chez elle, à Saint-Louis.

C'était il y a bien longtemps de cela, mais je vois encore ce taxi-brousse qui s'éloigne. Et je me revois, courant pour tenter de le rattraper. Et je pleure.

C'est donc ce jour-là que ma mère m'a donnée à mes grands-parents de Kaolack. Mais ce qui semble choquant, vu de France, aujourd'hui, ne l'est pas dans mon pays. Quand les circonstances de la vie l'exigent, de telles séparations sont normales. Ma mère ne pouvait pas subvenir correctement à mes besoins, mon père l'ayant déjà quittée. C'est donc tout naturellement qu'elle me confiait à la famille qui pouvait se charger de moi, en l'occurrence celle de mon grand-père paternel, mon cher papy, roi de Saloum mais surtout, indubitablement et à jamais, papy adoré.

Mais, au moment de cette séparation, je n'avais que 4 ans... Je ne comprenais rien. J'étais à côté de la méchante dame et de sa petite fille, et mon cœur a comme explosé dans ma poitrine. À partir de cet instant, j'ai compris que j'allais vivre pour de bon dans cette grande maison. Je devais être sage, gentille et obéissante. Depuis lors, je n'ai fait qu'observer tous ces gens autour de moi et les écouter.

Je n'ai rien oublié de mon enfance.

*

Ce n'est que quelques jours plus tard que j'ai fait la connaissance de mon grand-père, immense personnage dans tous les sens du terme. Grand par sa taille, grand par son cœur, son humanité.

La vaste maison de Kaolack abrite sa grande famille. Nous sommes musulmans et la polygamie est courante. Je suis donc entourée de trois mamies, de tantes, de nombreux cousins et cousines, etc.

Je revois la maison d'autant plus facilement que j'y ai longtemps vécu. C'est, dans la zone résidentielle de Kaolack, une grande bâtisse, de plain-pied, comportant cinq appartements. Chacune des femmes de papy dispose du sien. La cour a un sol recouvert de sable de couleur ocre. Les trois grands acacias qui s'y trouvent nous procurent une ombre bienfaisante. C'est là que tout le monde aime se retrouver pour papoter, commenter les événements qui font la vie de tous les jours dans cette ville paisible, écrasée de soleil, et que je découvrirai petit à petit.

Kaolack, capitale de la région Centre-Ouest, est très étendue et, lorsque j'y arrive, au début des années soixante-dix, elle doit bien compter un demi-million d'habitants. Si vous consultez une carte du Sénégal, regardez au sud-est de Dakar : c'est là, à environ cent cinquante kilomètres de la capitale. Ce n'est pas une ville très touristique. Dommage que les voyageurs ne s'y attardent pas davantage car elle ne manque pourtant pas de charme, avec sa grande mosquée, son marché couvert qui, il faut le signaler, est le plus grand de toute l'Afrique après celui de Marrakech. Il est vrai que, lorsqu'on évoque Kaolack, on parle tout de suite de son activité principale : l'industrie de l'arachide, ce qui n'a rien de très attirant ! Moi, je garde beaucoup de tendresse pour cette ville et j'y retourne, à chaque voyage que j'effectue au Sénégal. J'ai beau y avoir vécu bien des épisodes douloureux, c'est la ville de mon enfance...

Je sens encore, comme si j'y étais, les odeurs caractéristiques de la saison sèche, effluves mêlés de la fumée des ordures que l'on incinère à chaque coin de rue, si ce n'est devant chaque maison, et des gaz d'échappement des Mobylette qui pullulent en tous sens. Il y a même les « taxis Mobylette » et, comme on ne lésine pas sur la part d'huile dans le carburant, on voit parfois flotter sur les rues un léger nuage bleuté.

La chaleur est telle que seul le repas du soir est pris dehors. Nous nous installons alors sur des nattes. À midi, le déjeuner se déroule dans l'appartement de la maîtresse de cette grande maison : la première femme de mon grand-père, la mamy Amy Fall, qui est la maman de mon père et qui réussit si bien la sauce arachide. C'est l'heure où, au-dehors, la chaleur est pesante. La pièce baigne dans une semi-pénombre car les fenêtres munies de claustras jouent leur rôle protecteur.

*

Ma tante a une bien curieuse façon de me réveiller le matin : une fessée ! J'en aurai reçu, des fessées, à Kaolack. Mais elles sont, somme toute, banales au regard des coups que me réserve mon père.

Dès que je me lève, elle tâte le lit pour vérifier si c'est mouillé. Comme si j'avais l'habitude de faire pipi au lit ! Ce n'est pas parce que ça m'est arrivé le premier soir – la fatigue, le stress, la peur... – qu'il faut en déduire que ça m'arrivera toutes les nuits !

D'abord, procéder à ma toilette. Ensuite, je dis mes prières. Et puis, je fais le tour de la maison pour dire bonjour à toute la famille. Dans cette grande famille, tous sont gentils à mon égard, à part une tante – « la méchante » ! – et mon père, mais je vois dans leurs yeux qu'ils sont tristes pour moi, et impuissants, ne pouvant rien faire pour contrer ces deux-là.

C'est ensuite le moment du petit déjeuner, que je prends toute seule car la fille de ma tante dort encore. J'ai appris à manger très rapidement, sinon ma tante me privait de ce repas. Après, vite, je fais la vaisselle.

Ma tante, c'est une femme très pointilleuse pour tout ce qui concerne la propreté : elle vérifie toujours si j'ai bien fait les choses.

J'ai vite compris que je devais être polie, gentille et obéissante : mes fessées ont alors singulièrement diminué... Mais je continuais à en recevoir, j'ai envie de dire par procuration, car ma cousine (la fille de la méchante tante) faisait des tas de bêtises en m'accusant, et j'avais alors droit aux fessées sans en connaître les raisons.

Pourtant, entre les fessées de ma tante et les coups de mon père, je préférais les premières. Car, en grandissant, mon père s'est mis à me frapper comme un fou furieux. Cela a duré toute ma jeunesse, mon adolescence, et même davantage.

2

Lorsque j'étais toute petite, je ne voyais pas de différence entre mes trois mamies. C'est seulement à 10 ans que j'ai su qui était la mère de qui. Ces mamies m'aimaient toutes beaucoup, mais la mère de mon père préférait ma grande sœur.

Ah, ce temps de la petite enfance ! J'ai beau me laisser aller à des souvenirs épars, essayant de me remémorer les meilleurs moments, je ne peux m'empêcher de revivre ces journées qui se déroulaient selon un scénario quasi immuable. Fessée en guise de réveil, puis toilette, prières, le bonjour à ma tante, aux uns et aux autres. Petit déjeuner, ménage. Ensuite, je m'installais en général sur un banc de la véranda, un mouchoir à la main car il ne fallait surtout pas que mon nez coule. Il coulait ? Je recevais une gifle ! Et depuis mon banc, je regardais les enfants du voisinage jouer, hurler, courir, rire.

La première fois que je suis sortie pour aller dans une boutique, c'était parce qu'une cousine de passage m'avait demandé d'aller effectuer quelques menus achats. Je ne sais plus très bien quelle en était la raison, mais il y avait ce jour-là une fête familiale à l'extérieur, à laquelle s'étaient rendus les membres de la famille.

Me voilà donc en route pour la boutique : quand je suis sortie de la maison, j'étais effrayée par tout ce que je voyais. Les rues m'apparaissaient immenses. Il me semblait que tout le monde me regardait. Je me souviens d'avoir fait mes petits achats et, vite, de courir ensuite pour rentrer à la maison. J'ai remis à la cousine les courses et la monnaie. Elle m'a gentiment offert une pièce de cinq francs que j'ai refusée, poliment. Elle a insisté. Je lui ai dit « non, merci », car ma tante m'avait recommandé de ne pas accepter le moindre cadeau de qui que ce soit.

Elle a passé toute l'après-midi auprès de moi, à l'ombre de la véranda. C'était la première fois que quelqu'un restait en ma compagnie aussi longtemps. Elle me questionna, me demanda pourquoi je n'étais pas partie avec les autres à la fête familiale, pourquoi je n'allais pas jouer avec les enfants du quartier :

– Tu n'en as pas assez de rester assise ainsi pendant des heures ?

Je ne donnais aucune réponse très claire à ses questions, ne sachant sans doute pas très bien moi-même à quels interdits j'étais tenue d'obéir.

Quand ma tante est rentrée, j'ai bien vu qu'elle n'était pas contente que quelqu'un soit resté à mon côté toute l'après-midi. Mais, encore aujourd'hui, je me pose la question de savoir de quoi aurait-elle pu être satisfaite en ce qui me concernait. Elle dit à la cousine :

– J'espère qu'elle ne t'a pas empêchée de faire la sieste, qu'elle t'a donné à boire lors de ton arrivée.

– Elle est très jeune, très polie et sait recevoir. Elle est correcte et sage. Tu l'as très bien élevée. Je lui ai demandé de me faire une course. Je lui ai offert cinq francs, mais elle les a refusés.

Ma tante m'a regardée de son air méchant et a répliqué :

– J'espère qu'elle a bien fait la course.

– Très bien, a répondu la cousine sans savoir qu'elle venait de signer ma condamnation !

Car, sitôt après son départ, les fessées se sont mises à pleuvoir. J'ai été privée de dîner et expédiée au lit. Tout cela parce que je n'avais pas le droit de quitter la maison et que j'avais accepté de faire une course pour la cousine.

C'était difficile à vivre, tout cela. Tant de méchanceté me rendait malheureuse et je sais que, cette nuit-là, j'ai prié pour que la mort me prenne.

Le lendemain, je me suis réveillée avec beaucoup de fièvre et une grosse envie de faire pipi m'a conduite vers les toilettes. J'ai alors croisé ma tante qui m'a saisie par les deux oreilles en me serrant avec force, et me disant :

– Écoute bien ceci : si tu me désobéis encore une fois, je te couperai la langue.

Et puis, comme tous les matins, j'ai fait ma toilette et suis allée dire bonjour aux membres de la famille. C'est là que mon papy a remarqué que je tremblais de fièvre. La situation allait-elle s'améliorer ? Je pensais que oui, peut-être, quand, quelques jours plus tard, alors que je faisais ma prière, papy vint m'inviter à prendre le petit déjeuner avec lui et la mamy, ce qui n'était jamais arrivé depuis que je vivais avec eux.

Et là, j'ai eu droit à un petit déjeuner royal. Du chocolat chaud, du thé, du café au lait, du beurre, du chocolat à tartiner, de la confiture, des œufs au plat, des œufs durs, du pain, des beignets. J'étais tellement impressionnée que je n'avais plus faim.

Mon papy me disait d'oser manger.

Mais mon bonheur a été de courte durée. La fille de ma tante est arrivée et m'a dit :

– Touty, viens tout de suite voir ma mère.

Je me suis levée comme une flèche. Mon grand-père m'a alors pris la main et lui a répondu :

– Touty finira d'abord de déjeuner.

Mais mon appétit était coupé. Et, cette fois, c'était de peur.

Elle est venue une seconde fois :

– Touty, ma mère veut que tu viennes tout de suite.

J'ai vu que mon grand-père était bien contrarié.

– Touty rentrera quand je le déciderai. Toi, je ne veux plus te voir.

Mais le mal était fait : je n'avais décidément plus faim. Et mon festin de reine, ma tante allait me le faire payer très cher. J'ai presque supplié mon papy de pouvoir y aller sans plus attendre. Mais il n'a pas cédé et, à partir de ce jour, a fait en sorte de montrer à ma tante que c'était lui le chef de famille : chaque jour, pour le petit déjeuner ou le quatre-heures, il venait me chercher.

Elle était furieuse mais n'osait rien dire. Par contre, elle me le faisait payer d'une façon ou d'une autre.

*

Un soir, elle décida que nous partirions ensemble en vacances dans le village de ses parents.

Alors, je me suis dit : « Touty, si tu ne meurs pas pendant ces vacances, tu deviendras adulte... »

Au moment du départ, je suis passée dire au revoir à mon grand-père et au reste de la famille. Papy était sincèrement heureux pour moi de ces vacances, trop bon pour imaginer ce qu'elles recelaient, en réalité, de punitions de la part de ma tante. Il m'a expliqué que, là où j'allais, il y avait la forêt, que j'allais respirer des bols d'air pur, que je verrais des tas d'arbres fruitiers, des animaux.

Au village, tout le monde nous attendait. Ils semblaient gentils. Pourtant, dans ma tête, je ne pouvais ôter la pensée que ma tante allait se débarrasser de moi, me tuer... En réalité, elle m'ignorait totalement, ce qui me terrorisait complètement. Je m'attendais au pire, et cette attente était insupportable car je ne savais pas ce qu'elle préparait.

Et, au bout de deux jours, je suis tombée vraiment malade. Je me suis dit que c'était mieux ainsi car ce ne serait pas elle qui aurait la joie de me supprimer.

Dieu eut peut-être pitié de moi.

La mère de ma tante s'occupa de moi. Elle me fit ingurgiter toutes sortes de plantes amères pour me guérir. Je vomissais aussitôt. Ma tante voulait me frapper, prétendant que je faisais exprès de vomir. Mais sa mère l'en empêcha.

Au bout d'une semaine, j'allais mieux. Mais j'étais tellement faible que j'avais du mal à marcher. En faisant griller des épis de maïs, je perdis l'équilibre et je tombai, les deux mains dans la braise.

Je me revois encore, hurlant de douleur. Je me souviens que la mère de ma tante m'a rattrapée. Elle a placé mes deux mains dans une jarre d'eau bien fraîche, puis m'a soignée au moyen de plantes. Le lendemain, j'avais des tas de cloques, mais mes mains allaient mieux.

Deux jours plus tard, nous sommes rentrées chez nous et toute la maisonnée s'est demandée ce qu'il m'était arrivé. J'étais extrêmement amaigrie et j'avais les deux mains bandées. Je crois que je faisais peur.

*

Et puis, peu de temps après, un matin, j'ai entendu la mère de mon père – ma « vraie » mamy – dire que c'était ma tante qui m'avait brûlé les deux mains. Ma tante était méchante, ça, c'est sûr, mais je n'ai jamais aimé l'injustice et j'ai donc dit à ma mamy que c'était inexact, que tout était de ma faute. Mais elle ne m'a pas crue et, finalement, tout le monde a accusé ma tante.

Mon cher papy m'a emmenée à l'hôpital. J'avais une peur bleue car c'était la première fois que je me rendais dans un tel lieu. Mais je me suis laissé soigner courageusement : il ne fallait pas que papy puisse avoir honte de sa Touty !

Le lendemain matin, ma tante s'en est allée au marché. Durant son absence, une des grandes cousines m'a demandé de lui faire une course. Je lui ai répondu que je n'en avais pas le droit. Elle était furieuse et m'a même tiré les oreilles en me disant qu'elle allait me les couper et en me traitant de bâtarde.

Comme d'habitude, j'ai pleuré doucement car j'avais compris, et depuis longtemps, que j'avais intérêt à ne pas hurler quand on me frappait. Mais parfois, les coups pleuvaient trop fort et ce genre de résolution ne tenait plus.

Ce fut le cas l'après-midi même. Mon papy était venu me chercher comme d'habitude pour le goûter. Ma tante ne tarda pas à me récupérer, prétextant qu'elle avait besoin de moi. Je la suivis donc et, en entrant dans la partie de la maison qu'elle occupait, je fus directement conduite à la salle de bains. Là, elle se mit à me frapper comme une folle furieuse. Je ne suis pas prête d'oublier cette après-midi et les coups qui ne cessaient de tomber. Cette fois-là, je dois dire que j'ai crié très fort. Et je me débattais de mon mieux car j'avais l'impression que je n'échapperais pas à la mort.

J'ai alors vu surgir ma mamie. Elle a poussé ma tante en hurlant :

– Laisse ma petite-fille ! Tu vas la tuer !

Elle m'a saisie par la main et m'a entraînée dans son appartement, où elle m'a lavée et rhabillée proprement.

C'est alors que ma tante est arrivée avec mes affaires. Elle a dit à ma mamy :

– Comme c'est ta petite-fille, je te la laisse. Garde-la pour toujours.

– Avec plaisir, a répondu ma mamy.

Et ma tante est partie sans un regard. La vie a continué mais ma tante ne m'adressait plus la parole. Je n'avais même plus droit aux fessées du matin. Peut-être avait-elle compris que c'était la meilleure façon de me punir, car j'étais quelqu'un de très sensible – je le suis toujours – et je n'aime pas que l'on se fâche contre moi ou que l'on ne m'adresse pas la parole. J'aurais préféré les coups à cette indifférence teintée de mépris qui confinait à une quasi-négation de mon existence !

*

J'ai donc changé d'appartement, mais j'habitais toujours dans la même maison que mes deux bourreaux, c'est-à-dire ma tante et mon père. J'allais donc forcément être amenée à les rencontrer quotidiennement et je demeurais inquiète, car je me demandais quelle serait mon attitude vis-à-vis d'eux lorsque je les croiserais.

Le lendemain, ma tante a fait ses valises. Elle a pris toutes ses affaires et est partie avec sa fille, sans même nous dire au revoir, pour aller habiter dans un autre quartier. C'était un vrai cadeau pour moi. Un miracle ! J'étais petite et ne connaissais pas tous les dessous, les problèmes internes qui existaient sans doute dans notre famille. Car il devait y avoir des raisons à de tels comportements !

Je me sentais donc mieux, à présent, soulagée par ce départ. Ma mamy me dit de ne pas rester là à ne rien faire comme une malheureuse, mais d'aller rejoindre ma sœur et les autres enfants dans la cour. Je suis donc sortie, me contentant tout d'abord de m'asseoir sur un banc et de regarder les autres jouer. Les habitudes ne changent pas aussi vite. Et puis, petit à petit, les enfants sont venus me demander de participer à leurs jeux. J'y suis allée, mais timidement.

C'était donc une nouvelle vie à laquelle je m'habituais. Mon papy continuait à être gentil et protecteur. Quant à ma mamy, elle s'occupait de moi à sa façon, même si je savais bien que sa préférée demeurait ma demi-sœur.

3

Avant d'aller plus loin, je dois parler de mon père, de cette relation singulière qui était la nôtre.

Je l'aimais. Il me battait.

À vrai dire, je ne suis jamais parvenue à détecter le moindre sentiment chez lui. Longtemps, les seules conversations que j'ai eues avec mon père – si l'on peut qualifier cela de conversations ! – se sont résumées à lui dire bonjour !

Le seul contact physique que j'ai avec lui, c'est quand il me gifle. Parfois, ma sœur me dit d'aller rejoindre mon père dans sa chambre : il m'appelle. C'est pour me battre, neuf fois sur dix. Sinon, c'est pour nettoyer sa chambre.

Scène type. Dès que je franchis le seuil de sa porte, c'est une gifle qui me cueille. Et quelle gifle, mes aïeux ! Je tombe par terre. Ma mamy vient me relever et me dit d'aller l'attendre dans sa chambre. Elle doit me le répéter deux fois avant que j'obéisse, tellement je suis abasourdie par l'impact de la gifle...

Je vois dans le regard des autres combien ils sont choqués par le geste de mon père.

J'entends ma mamy faire la morale à mon père :

– Tu finiras par la tuer !

– Laisse tomber, maman. Elle est impolie. Il faut que je l'éduque dès maintenant avant qu'il ne soit trop tard.

Mamy lui demande alors pourquoi il m'a giflée. Les raisons invoquées sont étonnantes. C'est, par exemple, parce que je ne lui ai pas rapporté assez vite les propos d'un de ses amis que j'ai pu rencontrer dans la rue.

Mais il est bien rare que je sache pourquoi mon père me frappe.

Le soir, je m'endors en pensant à une femme que j'appelle ma mère de cœur. Quand je me réveille, mes pensées et mes prières sont pour elle et sa famille.

*

Je me souviens de la honte qui était mienne quand mon père me battait devant tout le monde. Cet homme ne m'a jamais montré la moindre affection, m'a toujours battue comme plâtre, et pourtant je me surprends souvent à m'inquiéter pour lui. Aussi bizarre que cela puisse paraître, je l'aime. Je l'aime même très fort.

Une nièce de mon papy, qui était donc la cousine de mon père, s'appelait Seny. Mon père aimait cette cousine. Il l'aimait tellement qu'il m'a donné ce prénom. Ce n'est pas tout : mon père a une autre fille, ma demi-sœur, qu'il a appelée, elle aussi, Seny. C'est dire s'il aimait sa cousine : ses deux enfants s'appellent Seny ! Il me battait, mais pas seulement moi : l'autre Seny aussi. Comment pouvait-il faire cela alors que nous portions, l'une et l'autre, le prénom de cette femme qu'il aimait ?

Ma sœur ne me comprenait pas. Moi non plus, d'ailleurs. Mais, contrairement à elle, je ne pouvais le détester. Ma sœur était furieuse contre moi :

Un jour, en nous battant, mon père est tombé. Je me suis précipitée pour l'aider à se relever.

– Pourquoi l'as-tu aidé ? Tu devais le laisser et lui écraser la tête par terre !

Elle voulait qu'il meure. Moi pas : je pensais que je pouvais mourir sous ses coups, mais qu'il meure, lui ? Non, pas ça. La mort est si horrible. Comment peut-on la souhaiter à quelqu'un ?

Ce n'est que bien plus tard que j'ai compris, au moins en partie, pourquoi mon père avait ce comportement. Il était malade. Une maladie terrible dont je constate, encore aujourd'hui, combien on a tendance à la minimiser, voire à s'en moquer. Cette maladie, c'est l'alcoolisme. Elle aura gâché mon enfance et ma jeunesse. Elle sera la cause de la fin d'un grand bonheur : ma vie avec Jacques.

Que j'ai horreur d'entendre dire, à propos d'un malade de l'alcool : « Untel ? Il est alcoolo ! » Même chose, d'ailleurs, lorsqu'on dit « toxico ». À quel esprit tordu viendrait l'idée de parler de la sorte d'un cancéreux ? Qui oserait se moquer, car c'est bien de cela qu'il s'agit, en le traitant de « cancéro » ? Et pourquoi devrait-on avoir honte ? A-t-on honte d'un cancéreux, d'un bronchiteux, que sais-je ?

C'est mon cœur qui parle, lorsque j'écris ceci. Car je m'aperçois que, malgré tout, les choses ne sont pas si simples pour la bonne raison que, moi-même, j'ai du mal à reconnaître publiquement la maladie de mon père, certainement pour ne pas froisser mes parents qui pourront lire ceci. Mais c'est d'autant plus aberrant que, pour tous ceux qui l'ont connu, il ne s'agit pas d'une révélation. Tout le monde sait qu'il buvait.

Mais lorsqu'on est enfant, le sentiment qui l'emporte, c'est la honte. Je me souviens, quand mon père rentrait ivre et qu'il devait faire beaucoup d'efforts pour atteindre le seuil de la maison, moi aussi j'en faisais pour arriver au-devant de lui, comme par hasard, afin de l'aider à monter les quelques marches du petit perron... Et ma sœur me le reprochait :

– Pourquoi ne l'as-tu pas laissé tomber et mourir ? Tu as vu la honte ? Tu fais ça pour qu'il ne te frappe plus, mais il ne s'en souviendra pas et continuera à nous battre de plus belle.

– Ce n'est pas pour ça que je l'aide. Et si le père tombe devant la maison, on aura encore plus honte.

*

Depuis l'âge de 10 ans, je crois, j'ai toujours surveillé mon père pour qu'il ne meure pas brûlé vif dans sa chambre à cause d'une cigarette mal éteinte.

J'ai constaté que cette crainte n'était pas vaine. Je m'en suis rendu compte en écoutant Jacques, bien plus tard, me raconter que c'est ainsi que disparurent plusieurs personnalités du monde de la comédie, comme Julien Carette, le comédien de *La Grande Illusion*, et

Louis Seigner. Et Jacques m'en parlait d'autant plus volontiers qu'il partageait, lui aussi, cette peur. Il prenait d'ailleurs toujours soin d'éteindre la cigarette qu'il avait souvent aux lèvres en allant se coucher, et ceci même lorsqu'il lui arrivait d'avoir trop bu.

Avec le recul, je ne peux d'ailleurs m'empêcher de noter une coïncidence troublante : cette crainte est largement évoquée dans *Jeffrey Bernard est souffrant*, cette pièce qui aura tant d'importance pour moi...

Mon père, pour en revenir à lui, quand il rentrait fatigué à la maison, se jetait sur son lit, avec, souvent, une cigarette allumée à la bouche ou entre les doigts, et il s'endormait avec.

Un jour, mon papy m'a demandé de remettre une lettre à mon père. J'ai frappé à la porte de sa chambre. Pas de réponse... J'ai attendu un peu et je suis entrée. Une odeur de brûlé m'a prise à la gorge. C'était le matelas qui se consumait. Je suis sortie en courant pour appeler ma mamy.

– Mamy, dépêche-toi, le matelas de mon père est en train de brûler !

Elle a appelé le petit frère de mon père qui s'est emparé rapidement d'un seau d'eau et l'a versé sur le matelas. Mon père, rétrospectivement, a eu une peur bleue.

J'ai demandé à ma mamy de ne pas me dénoncer, de ne pas dire que c'était moi qui avais crié au secours. Elle m'a rassurée. Mais elle avait déjà raconté ce qui s'était passé à mon papy et, le lendemain, quand mon père s'est réveillé, on lui a dit qu'il me devait beaucoup et que sans moi il ne serait peut-être plus là.

Quelques jours plus tard mon père m'a convoquée. Je craignais ce moment depuis que je savais que mon papy l'avait mis au courant de mon appel au secours.

Il m'a dit :

– Que ce soit la première et la dernière fois que tu entres dans ma chambre sans autorisation, sinon je t'enterre vivante. Dégage.

Drôle de façon de me témoigner un peu de reconnaissance ! Mais, finalement, j'ai trouvé curieux que mon père me parle sans me battre.

Néanmoins, je continuais à le surveiller car je craignais qu'il meure brûlé.

*

Je me souviens d'un autre épisode...

J'avais 13 ans et mon grand-père était parti en voyage. Nous avions un locataire. Un jour, il m'appelle :

– Seny, viens me voir !

Je suppose qu'il va me demander, comme d'habitude, de ranger sa chambre ou d'aller faire des courses. J'entre donc sans crainte dans sa chambre. Il est allongé sur le lit, une serviette autour de la taille. Il me demande de lui masser le dos.

Chez nous, au Sénégal, on a l'habitude de masser les grands-parents et les autres membres de la famille. Je ne me suis donc pas fait prier. Je commence à le masser, et il se retourne en me précisant de lui masser le ventre car, dit-il, il a mal.

Je deviens méfiante, mais il me prend la main jusqu'à l'amener sur sa verge. Là, je me recule. Il m'agrippe très fort.

– S'il te plaît, caresse-moi et je te donnerai beaucoup d'argent.

– Non. Laisse-moi.

– Je ne te laisse pas partir tant que tu ne m'as pas caressé, me dit-il sur un ton sévère.

Je refuse.

Le voici soudainement plein de douceur :

– Je ne te demande même pas d'enlever ta culotte. Je ne te toucherai pas.

Affolée, j'arrive à me dégager et je me sauve.

Un oncle, qui m'a vue sortir, me demande :

– Que faisais-tu dans cette chambre ?

C'est ma mamy qui répond :

– Laisse-la. Elle donne un coup de main pour le ménage et les courses.

Mais je vois que mon oncle soupçonne quelque chose. Je demeure dans ma chambre toute la fin de l'après-midi et le soir aussi.

Le lendemain matin mon bourreau de père, qui ne s'était pas manifesté depuis quelques jours, me réveille d'un coup de bâton. Je hurle. Il frappe encore, et de plus en plus fort. Ses yeux sont rouges de colère.

Il m'a battue jusqu'à ce que je perde connaissance.

Je me suis réveillée à l'hôpital. J'ai lentement repris mes esprits. J'avais mal partout : à la tête, au dos. J'avais le corps meurtri, j'étais tuméfiée de partout.

Une infirmière est venue me voir et m'a questionnée :

– As-tu couché avec le locataire hier soir ?

– Non !

– Dis-moi la vérité, sinon je t'examine et là je verrai bien.

– Non, je ne veux pas qu'on me touche ! Je n'ai jamais couché avec qui que ce soit. Je n'ai jamais fait ça.

– Je pense que tu ne dis pas la vérité. Je vais regarder moi-même.

L'infirmière m'examine. Me touche, là ou personne ne m'avait jamais touchée. Quelle honte, pour moi...

– Tu as raison, me dit-elle.

Elle m'aide à me rhabiller et me conseille de ne plus entrer dans les chambres des hommes célibataires.

Je me demande pourquoi mon père, une fois encore, m'a battue sans que personne ne vienne à mon secours.

Il paraît que la famille croyait que j'avais couché avec le locataire. En conséquence, ils n'avaient pas bougé le petit doigt.

Mon papy est rentré de voyage quelques heures après mon hospitalisation. Il m'a réclamée. Un cousin lui a dit que mon père m'avait battue à mort et que j'avais dû être hospitalisée.

On m'a raconté que mon papy a alors déclaré :

– Si elle meurt, vous irez tous en prison !

Et il est aussitôt parti pour l'hôpital.

L'infirmière procédait à mes soins lorsque je l'ai vu arriver. J'ai fondu en larmes. Mon papy ! Mon sauveur, mon prince, mon roi.

L'infirmière lui a expliqué comment mon père m'avait massacrée, et par erreur puisque j'étais innocente ! J'ai vu la colère déformer le visage de mon grand-père. Je ne l'avais jamais connu ainsi.

– De toutes les façons, a-t-il répondu à l'infirmière, il n'a jamais besoin de motifs pour la battre. Mais, croyez-moi, c'est la dernière fois qu'il la touche.

Et il m'a ramenée en taxi à la maison.

Là, je peux dire que le lion a rugi. Papy est entré dans une colère folle contre tous les témoins qui avaient vu mon père me rosser.

– Sortez tous de ma maison. Je ne veux pas d'assassins chez moi. En ce qui concerne le père de Seny, s'il rentre ici, ce sera moi l'assassin !

Le soir, j'ai vu arriver deux dignitaires du quartier, venus rétablir un peu l'ordre dans la famille. Au bout de quelques heures, mon papy leur a dit :

– Tout le monde peut désormais revenir dans la maison, sauf le père de Seny. Je ne veux plus qu'il mette les pieds ici.

Voilà comment mon grand-père a interdit sa maison à son propre fils : mon père.

Ma demi-sœur et moi avons pu souffler un peu.

Mais – cela peut paraître bizarre, je sais – je culpabilisais. D'une part, ma mamy m'en a voulu pendant des mois. Et d'autre part, je pensais de plus en plus souvent à mon père, me demandant s'il n'allait pas commettre d'imprudences avec sa cigarette, mettre le feu à son lit, s'il mangeait à sa faim, etc.

Je suis allée demander à mon papy de lui pardonner et de lui permettre de revenir chez nous. Il était stupéfait :

– Tu es inconsciente ! Ce n'est plus de la gentillesse, c'est de la folie. S'il revient, il finira par te tuer ! Est-il venu te menacer, pour que tu me demandes cela, ou est-ce ta mamy qui t'envoie ?

– Personne ne m'envoie, papy. Mais cela fait des mois que je n'ai pas vu mon père.

Mon papy a cédé et, au bout de quelques jours, mon père est revenu. Ma demi-sœur m'en voulait terriblement, elle ne m'adressait plus la parole. La condition que papy avait posée pour ce retour était qu'il ne nous touche plus. Il a obéi à la lettre... tout au moins pendant quelque temps.

Auparavant, il m'appelait pour que j'aille lui acheter ses cigarettes ou pour me demander de laver sa chemise. À présent, il m'ignorait totalement. Je ne souhaite à personne d'être ignoré par son père de cette façon. Je me demande si ce n'est pas plus difficile à vivre que de recevoir des coups.

De toute ma vie, j'ai toujours été très malheureuse quand je savais que quelqu'un était fâché contre moi. Et si ce quelqu'un était mon père, alors c'était pire et je ne pouvais pas le supporter.

*

Mon père, né en 1937, s'appelait donc Guedal N'Dao. Après avoir été gendarme, avec le grade de maréchal des logis, et perdu son travail à cause de sa maladie, il avait été embauché dans une société de commerce du riz, à Saint-Louis. C'est là qu'il fit la rencontre de ma mère. Il avait déjà été marié, en Casamance, et avait une fille de ce premier lit, ma demi-sœur Seny dont j'ai déjà parlé. Il avait aussi quitté ma mère avant que je naisse.

Mais sa vie aura été triste : après avoir quitté ma mère, il est demeuré sans femme pendant plus de quinze ans et s'est installé dans la grande maison de papy, à Kaolack. Il y avait sa chambre. Il buvait toujours. Je pense qu'il a toujours bu.

Il est mort en 2001, trois mois après mon mari Christophe. Ces deux hommes s'aimaient beaucoup, malgré l'éloignement (car Christophe, comme je le raconterai plus loin, était lillois). Quand j'étais allée à Kaolack, après la mort de mon mari, je m'étais inclinée devant mon père pour le saluer – comme on le fait au Sénégal –, et il m'avait dit :

– Mes condoléances.

*

Qu'elle est poignante, la fin de mon père ! Il est mort tout seul dans sa chambre. Je l'avais quitté trois semaines plus tôt, après un court séjour que j'avais effectué au Sénégal, car je vivais alors en France.

Bien entendu, à l'occasion de ce voyage, j'étais venue passer trois semaines à Kaolack, au pays de mon enfance. Mon père était en très mauvaise santé. Il avait du mal à parler et éprouvait de grandes difficultés à se déplacer.

Je revois son regard, braqué sur moi, fixe.

À tort ou à raison, j'y distinguais du regret. J'avais l'impression qu'il se disait : « Malgré tout ce que je lui ai fait, elle m'aime vraiment. » Je voulais croire que, au travers de ce regard dans lequel je sentais viscéralement un insondable malheur, c'était un aveu d'amour qui tentait de se frayer un chemin vers moi.

Et, s'il ne m'a jamais dit qu'il m'aimait, je crois fermement que ses yeux l'ont fait pour lui. Peut-être à son insu.

Et ce furent là, vraiment, les trois meilleures semaines que j'ai passées avec mon père. Une période un peu miraculeuse durant laquelle j'ai senti que j'avais vraiment un papa.

Il ne parlait presque plus, vers la fin, et je me suis occupée de lui durant cette courte période, lui préparant les petits plats qu'il aimait bien. Mais le moment de rentrer en France était arrivé. Ma fille Marine, toute petite, m'accompagnait durant ce séjour et, lorsque le taxi est venu nous prendre pour nous conduire à l'aéroport, mon père a encore parlé. Quelques mots qui demeurent gravés en ma mémoire :

– Mais tu vas revenir quand ?

Je lui ai répondu :

– Dans trois mois.

Et, là, il m'a soufflé, avec difficulté :

– C'est long.

Est-ce la question que doivent me poser tous ceux que j'aime et qui savent au fond d'eux-mêmes qu'ils ne me reverront plus ? Je ne sais pas. Ce que je sais, c'est que la dernière fois que j'ai vu Jacques, c'était également avant un voyage, et qu'il m'avait dit, lui aussi :

– Deux semaines, c'est trop long, bébé...

Mon père, à ma grande surprise, avait ajouté :

– Je veux partir avec toi.

– Si tu veux, je te ferai venir en France. Je m'occuperai des papiers, de tout, mais il faut un peu de temps pour régler tout ça.

Nous sommes parties, Marine et moi. Alors que le taxi s'éloignait, je me suis retournée et, par la lunette arrière, j'ai vu mon père, mon pauvre père, tenter de courir derrière nous.

En me remémorant ces moments douloureux, je me souviens du temps passé. Et je sais que, à propos de mon père et de sa relation avec l'alcool, je me disais souvent : « Qu'il ne boive pas du tout ou alors qu'il boive à tomber ! Dans ces deux cas, je ne serai pas battue. C'est entre les deux que ça se gâte. »

Et pourtant j'aimais mon père. Je l'ai toujours, et malgré tout, aimé très fort, même s'il m'a rendue si malheureuse que je me serais peut-être suicidée si je n'avais pas eu recours à celle qui fut, dans mon esprit, une sorte de deuxième maman et que j'appelle ma mère de cœur.

Mais avant de parler d'elle, il faut que je fasse revivre mon cher papy.

4

Mon grand-père, je l'aime et je le respecte. Je le vénère. Je me prosterne devant lui.

Il est né noble. Il a vécu noble. Il a disparu d'une manière noble. C'était un vrai Guelwâr. Pour être roi, il faut avoir au moins cinquante pour cent de sang guelwâr. Mon grand-père descendait de père et mère guelwâr. Il l'était donc à cent pour cent.

Quatrième enfant de la famille, il est le seul à avoir fréquenté l'école. Il a fait de brillantes études. Il aimait ça, étudier, et est devenu directeur dans les douanes. Il s'est marié. Sa première femme est la mère de mon père. Avec une seconde puis une troisième femme, mon papy est devenu un grand chef de famille pour ses enfants et pour les enfants de ses frères et sœurs.

Mon papy avait donc trois femmes. La première et la troisième habitaient la grande maison de Kaolack. La seconde vivait à Dakar. Elle était d'une beauté extraordinaire. C'étaient mes trois mamies : il n'y avait pas de différence entre elles, pour moi.

J'étais la petite-fille préférée de mon papy. Il m'a initiée très tôt à la religion, la politique et la vie en général dans les quatre coins du monde. Musulman, cela ne l'empêchait pas de me parler du Christ, de la messe... Quelle ouverture d'esprit !

Il m'a surtout appris à respecter autrui.

*

C'est sans doute à force d'écouter mon papy que je suis devenue « RFI ». RFI, c'est Radio France International, station que nous écoutions très régulièrement dans la grande maison de Kaolack.

J'ai grandi en quelque sorte devant cette maison : nous nous installions là, à l'ombre des acacias, et discutions des heures durant entre cousins, voisins. On parlait de tout et de rien. De la récolte des goyaves ou des citrons à venir, en pronostiquant la production des arbres voisins. De ce Blanc, ce *toubab* comme on dit ici, l'ami de mon papy qui faisait parler de lui en brousse, à quelques kilomètres de la ville. Faut dire que le bougre devait être un sacré original : il avait fait aménager le tronc creux d'un énorme baobab, en y ouvrant un accès en forme de porte et deux autres en guise de fenêtres. Et l'on racontait qu'il en était à l'installation d'un groupe électrogène. Le voisin Salif, toujours bien renseigné, expliquait en riant à gorge déployée :

– Devinez pourquoi il fait mettre l'électricité. Pour écouter de la musique !

Les commentaires allaient bon train, du genre :

– Ils sont fous, ces *toubabs* !

On commentait aussi tout ce qu'on avait vu à la télé, la veille.

Moi, je ne pouvais pas la regarder, du moins pas avant d'en avoir terminé avec ma courte scolarité qui s'est achevée vers mes 13 ans. Tous ces commentaires me passionnaient : je pouvais savoir par leur intermédiaire ce qui se passait sur le petit écran.

Autour de tasses de thé brûlant, c'est bien souvent la politique qui constituait la teneur des conversations. Outre mon grand-père qui avait des vues très respectées sur ces questions et qui les traitait avec la hauteur d'esprit qui le caractérisait, le spécialiste était l'oncle Doudou. Oh ! avec lui, on était sans doute bien plus dans le politicien que dans le politique, mais il était intarissable : il savait tout ce qui se passait non seulement au Sénégal, mais partout dans le monde. Les affaires européennes, américaines, semblaient n'avoir aucun secret pour lui. Je buvais ses paroles.

En réalité, je n'avais pas vraiment le droit d'être là, de me mêler au cercle des bavards. Mais ma curiosité était insatiable et je trouvais toujours le moyen de traîner auprès d'eux : j'allais aider à entretenir les braises, à laver les tasses... Finalement, je faisais partie du paysage et pouvais ainsi écouter leurs discussions.

Et c'est ainsi, avec ce que j'entendais là, mais aussi avec les commentaires que me réservait mon grand-père après lecture de son journal, que j'ai commencé, petit à petit, à entrer dans leurs conversations et que, surinformée – sans doute à tort et à travers ! – et bavarde impénitente, j'ai fini par me trouver affublée du surnom de RFI ! Pour dire vrai, ce surnom ne me plaisait pas. Et pour cause : je ne savais même pas ce que signifiait RFI !

*

J'ai vu papy dans sa tenue d'apparat, son grand manteau de roi, rouge, brodé d'or. J'ai même alors été photographiée avec lui. Quelle fierté pour moi ! C'est cette tenue qu'il arborait dans les grandes occasions, par exemple lorsqu'il était reçu par le président de la République Abdou Diouf. Et je peux dire que, avec sa haute stature, il avait fière allure.

C'était un homme indépendant d'esprit. Il ne jouait pas de son statut de roi pour fréquenter les hautes sphères, ce qui lui aurait été aisé car, bien que citoyen lambda, il bénéficiait tout de même d'une véritable aura : les traditions ne se perdent pas si vite et le roi garde un certain pouvoir qui, s'il n'est pas dit et reste complètement officieux, n'en demeure pas moins réel.

Mais papy était un sage. Il ne recherchait pas les honneurs. Il tenait à son indépendance. Je sais qu'il a dit non lorsque le neveu de Léopold Sédar Senghor a demandé la nièce de mon papy en mariage (sa nièce Seny). Papy a refusé, montrant par là qu'il ne tenait, en aucune façon, à faire allégeance sous quelque forme que ce soit. Il faut dire aussi que mon grand-père en voulait à Senghor ! Celui-ci avait fait mettre en prison un de ses neveux pour des raisons politiques, et ça, pas question de l'oublier ! Ce neveu de papy est devenu un grand avocat : il y a même des lycées qui portent son nom au Sénégal.

Le fait d'évoquer Senghor, dont il faut tout de même souligner que les quelques désaccords qu'a eus papy à son égard n'ont jamais entaché l'admiration et le respect que nous lui portions tous, le fait d'évoquer Senghor, donc, me rappelle que papy écrivait, lui aussi.

Je regrette vraiment de n'avoir pu remettre la main sur ses cahiers, que je lisais avec avidité dès que l'occasion se présentait. Il m'en reste des bribes de souvenirs, des pensées, des sentences... Par exemple : « Si tu vis sans amour, tu vis dans la méchanceté et parfois dans la haine. » Ou encore : « Si tu vis sans amis, tu meurs sans témoins. »

*

Un jour, c'était au mois de juin 1980, j'ai entendu ma mamy annoncer que mon grand-père allait monter sur le trône. Nous nous sommes alors retrouvés, avec mes sœurs, cousins et cousines, sapés comme des princes et des princesses.

Le couronnement s'est déroulé à quelques kilomètres de Kaolack, dans la petite ville de Khoné. Vers 10 heures du matin, les dignitaires sont venus, accompagnés de griots, chercher mon papy et toute sa famille. Les griots chantaient les louanges de mon grand-père et des siens. Ils battaient le *dyoung-dyoung* : le tam-tam royal traditionnel de la cour du Siné, réservé aux Guelwâr, et plus spécialement au roi.

Ce fut une fête magnifique. Les gens dansaient et, l'après-midi, tout le monde se réunit sur la place centrale pour le couronnement. Je savais que l'on faisait partie d'une grande famille noble, mais avant de vivre cette cérémonie, je ne me rendais pas bien compte de ce que cela pouvait représenter. Là, j'ai vu !

Mon papy portait un grand boubou traditionnel magnifique sur lequel on plaça une longue cape rouge rehaussée de fils d'or.

Qu'il était beau, mon papy ! Quelle prestance, quelle élégance royale ! Je garderai toujours en mémoire le souvenir de cette cérémonie.

Je revois tous ces gens qui chantaient et dansaient alors que la fête se poursuivait tard dans la nuit. Ils étaient heureux. Moi aussi, je savourais ces moments magnifiques. J'étais contente et fière. Et pourtant, en même temps, je me sentais malheureuse pour des raisons diffuses : je savais que demain je serais de nouveau battue et, si je m'était habituée à la séparation avec ma maman, il était tout de même des moments où son absence me pesait.

Nous sommes rentrés chez nous, à la grande maison de Kaolack.

*

Mon grand-père était roi et nous, les petites-filles, étions devenues princesses.

Irai-je jusqu'à dire que j'étais sa princesse préférée ? Je ne sais pas. Mais l'amour que je lui portais était tout simplement limpide, et il faut bien reconnaître que c'était la seule et unique personne qui ait compris la relation que je vivais avec ma mère de cœur.

5

Ma mère de cœur... Depuis que, jour après jour, j'écris ces souvenirs, sans me soucier de chronologie, j'ai souvent l'impression de butiner à l'aventure, telle une abeille zigzaguant, un peu au hasard, d'une fleur à l'autre.

Mon enfance n'aura-t-elle été qu'une succession décousue de fragments de vie ? Parfois, j'en viens à me poser la question. Cependant, malgré les coups que mon père n'a eu de cesse de faire pleuvoir sur moi, malgré l'éloignement de ma maman, la vie à Kaolack avait ses moments de douceur. Et je suppose que, à l'instar de tous les enfants, j'avais une propension au bonheur, une soif de vie que même toutes mes souffrances ne pouvaient juguler.

Ma force me venait sans doute de mon caractère. Envers et contre tous, je persiste à dire que la vie vaut la peine d'être vécue. Et, aujourd'hui encore, après tout ce qui m'est arrivé, je le pense très fort. Je suis faite ainsi : je n'ai pas de mérite !

Mais je suis bien consciente que la présence si affectueuse de mon papy m'a beaucoup aidée. Et aussi celle, plus inattendue, de ma mère de cœur.

*

Je me revois, petite fille, à Kaolack. Je dois avoir à peu près 8 ans. La vie de tous les jours est ponctuée des coups que mon père nous dispense à tour de bras, c'est bien le cas de le dire ! Envers ma sœur et moi, tous les prétextes sont bons. Quand nous faisons nos devoirs, quand nous avons terminé, s'il lui vient à l'idée que nous faisons trop de bruit, il vient nous battre comme un fou.

Malgré tout, je passe toujours de bons moments avec mon papy. Il m'envoie chaque semaine chez un de ses amis pour chercher des journaux. Ensuite, il me les prête. Je me contente alors de regarder les images car je ne lis pas encore très bien. Un jour, je suis frappée par la photo d'une famille. Les parents et leurs trois enfants, un garçon et deux filles. La plus petite a à peu près mon âge. Je peux dire aujourd'hui que je suis tombée amoureuse de ce cliché. Pendant deux jours, je n'ai cessé de le contempler encore et encore. J'admire leurs visages, leurs sourires. Leur bonheur me fascine. En même temps, il me semble que ce bonheur rejaillit sur moi, que je le partage. Il me fait du bien.

Pour la première fois j'ai ressenti une immense joie qui ne venait pas de mon papy mais de cette photo. De cette maman, qui était si belle, dont l'image dégageait gentillesse et amour. On ne pouvait que l'aimer. Et à partir de ce moment, cette femme est devenue la mère que j'avais toujours rêvé d'avoir.

Deux jours après, mon grand-père m'a demandé de lui rendre le journal. Pour la première fois j'ai volé, et j'ai volé une personne que j'aimais, que je respectais, que j'adorais. Mais c'était plus fort que moi, je ne pouvais laisser repartir cette photo. J'ai donc déchiré la page. J'étais fière de moi, de posséder cette photo et de contempler ainsi, chaque jour, cette famille.

Et surtout cette maman. C'était plus fort que n'importe quel sentiment. Au début je cachais la photo sous mon matelas. Chaque fois que j'avais une minute, je me précipitais pour aller la contempler. Cette belle famille heureuse et unie.

Quelque temps après, j'ai commencé à parler aux personnes présentes sur le cliché. J'ai imaginé que j'étais leur troisième fille. Je me suis fait un cinéma pour moi toute seule : j'étais leur bébé, ils étaient venus en vacances en Afrique. Des Africains m'avaient volée. Depuis ils me recherchaient en vain. Et c'était moi qui, toute seule, les avais retrouvés.

Je regardais l'homme sur cette photo et je lui disais :

– Bonjour, papa !

Devant la plus jeune des filles, je lançais :

– Bonjour, ma copine !

C'était la première fois que je prononçais le mot copine. Pourquoi copine et non pas petite sœur ? Je serais bien en peine de l'expliquer ! Mais faut-il chercher à expliquer l'irrationnel ?

Et, quand venait le tour de la mère, je disais avec beaucoup de tendresse :

– Bonjour, maman.

Personne ne peut imaginer quel bonheur j'ai éprouvé en prononçant ces mots.

C'est ainsi que je me suis inventé ma mère de cœur.

*

Désormais, chaque soir avant de m'endormir, je lui raconte tout ce que j'ai fait dans la journée. Et cela fait partie de mes meilleurs souvenirs d'enfance. Je continue chaque semaine à aller chercher les journaux pour mon papy. Il m'arrive de me cacher pour regarder s'ils contiennent des photos de « ma » famille.

Un jour, je tombe à nouveau sur une photo du père et de la mère. J'en pleure de joie. C'est comme si je les retrouvais une seconde fois. Lui est très beau, élégant, bien vêtu. Elle, tout sourire, d'une rare beauté. Je prends le journal et l'embrasse de toutes mes forces, le place sur mon cœur, le serre très très fort. Je la regarde. Je lui dis :

– Maman, tu es si belle, si gentille. Ils ont de la chance, mes sœurs et mon frère, d'être avec toi. Mais ne t'en fais pas, je vais rentrer bientôt à tes côtés.

Ne pouvant me résoudre à quitter cette photo, j'ai déchiré la page pour pouvoir la garder. Malheureusement, l'ami de mon grand-père n'avait pas encore lu le magazine. Le lendemain, il est venu se plaindre auprès de papy : il manquait une page. Comme il savait que j'étais la seule à avoir eu la revue entre les mains, la coupable était toute désignée.

Mon papy m'a appelée et m'a demandé si je savais qui avait déchiré la page du journal. J'ai avoué :

– C'est moi.

– Pourquoi as-tu fait cela ?

– Pour garder la photo de ma famille.

– Ta famille ? Mais ta famille, c'est nous… Et nous ne sommes pas dans les pages des magazines !

– Je sais, mais c'est pour la photo de ma mère.

– Ta mère ? Elle est dans les journaux, ta mère ? Qu'est-ce que tu me racontes là ?

J'ai vu le visage de mon grand-père s'assombrir, devenir inquiet.

– Dis-moi, c'est avec ces coupures de journaux que tu parles tous les soirs ?

– C'est avec ma mère, et avec ma copine.

La mamy, alors, est intervenue :

– On t'avait bien dit qu'elle parlait depuis longtemps, chaque soir, avec une photo représentant une famille. Si elle continue, elle va devenir folle.

Mon grand-père m'a demandé de lui montrer les photos. Il les a regardées et a souri. Il m'a dit :

– Je suppose que c'est elle, ta maman ?

J'ai acquiescé avec beaucoup de fierté.

– Elle est très belle, m'a répondu papy. Très belle et avec un beau sourire.

J'étais encore plus fière à présent car mon papy partageait mes goûts. Je lui présentais le reste de la famille. Mon père, mon frère, ma sœur et ma copine.

Mon papy m'a dit :

– Mais elle ne doit pas être ta copine, mais ta sœur, puisqu'il s'agit du même père et de la même mère.

– C'est ma sœur et ma copine en même temps, lui ai-je répondu.

– Tu me dis leurs prénoms ?

– Je ne sais pas.

– Si tu ne sais pas, c'est que tu ne sais pas lire. Si tu savais lire, en rentrant de l'école, tu pourrais savoir ce que font tous les membres de cette famille, connaître leur vie tout entière. Et puis, quand tu as envie de quelque chose, il faut demander, il ne faut plus voler. Même si tu aimes cette chose plus que tout.

*

Cher papy. Aujourd'hui encore je le remercie du fond du cœur de m'avoir si bien comprise. Il aurait pu se fâcher, pas seulement parce que j'avais volé une page de magazine – faute bénigne, il faut bien l'admettre ! –, mais en raison de l'étrange histoire que je m'étais inventée. En toute logique, il aurait pu s'offusquer de ces divagations, voire s'inquiéter pour ma santé mentale. Mais papy était un sage, un homme de cœur. Il avait compris ce que, moi, je ne pouvais me formuler et que j'avais traduit par l'invention de cette famille de cœur : j'étais une sorte d'orpheline. J'avais un père, que j'aimais, je le dis et redis, mais qui n'avait pas un comportement spécialement affectueux envers moi, c'est le moins qu'on puisse dire ! J'avais une mère aussi, que j'aimais mais qui était absente, qui vivait là-bas, au loin, à Saint-Louis... Alors, à orpheline de cœur, mère de cœur. Il l'avait mieux compris que moi.

Rentrée dans ma chambre, j'ai entendu ma mamy lui dire :

– Mais c'est pas vrai ! Tu lui as rendu les photos sans la punir. Tu aurais dû les déchirer, ces photos. Si ta petite-fille devient folle, que dirons-nous à sa maman ?

– Tout ce que je constate, c'est que, depuis qu'elle a ces photos, ma petite-fille est devenue plus gaie, plus vivante. Si je remarque un jour quelque chose de négatif dans son comportement, j'aviserai.

À présent que mon papy connaît et accepte « ma famille », on peut me frapper tous les jours, cela ne m'ôtera pas mon bonheur. Je sais que ma vie a changé grâce à cette femme, ma mère de cœur, à ma nouvelle famille, ma famille de cœur. Je les aime et je sais que je les aimerai toute ma vie.

Plus tard, je pourrai les nommer et lire, à chaque occasion, tout ce que je trouvai dans la presse les concernant : Grace, Rainier, Caroline, Albert et Stéphanie de Monaco. Grace, ma mère de cœur. Stéphanie, ma copine.

Mais je ne sais pas encore très bien de qui il s'agit. Pour cela, il me faudra attendre la visite que nous fera l'oncle de Dakar.

*

Notre oncle de Dakar est passé nous voir. Il a entendu ma demi-sœur se moquer de ma photo, à tel point que je me suis mise à pleurer. Mon papy est alors venu me consoler.

Mon oncle a demandé :

– C'est quoi, cette photo ?

Papy a répondu :

– C'est une famille princière qui vit en Europe et que Seny aime beaucoup.

Et mon papy m'a demandé d'aller me laver le visage. Quand je suis revenue, mon oncle m'a interrogée :

– Tu aimes cette famille ?

J'ai dit que oui, et que j'aimais surtout ma mère de cœur.

Ce jour-là, grâce à mon oncle, j'ai appris qui était vraiment cette famille et où elle habitait. Il m'a expliqué qu'il s'agissait d'une famille de nobles, vivant dans une principauté, une grande ville touchant la France. Le père était un prince. La mère, une princesse.

Je lui ai demandé :

– Une princesse comme moi ?

Il m'a répondu qu'effectivement nous avions la noblesse en commun.

Je voulais aussi savoir si cette famille habitait seule dans cette ville. Il m'a dit que non, bien sûr, qu'il y avait d'autres personnes, mais qu'eux vivaient dans un palais, entourés de gardes, et qu'ils ne parlaient pas notre langue.

À ce moment, ma demi-sœur s'est adressée à mon oncle :

– Dis-lui que même s'ils parlaient notre langue, ils ne s'abaisseraient pas à s'adresser à une fille noire et folle.

Mon oncle l'a envoyé balader et il m'a dit :

– Ce sont des gens très riches. Ils vivent à part, bien gardés. Même les habitants de la principauté ne les voient pas.

Il a ajouté, pensif :

– Souvent, les Européens sont des racistes.

– C'est quoi, les racistes ?

– Ce sont des Blancs qui ne peuvent pas voir les Noirs.

– Ce n'est pas possible. Ma famille de cœur n'est pas comme cela. Ce sont des gens gentils. Je suis contente qu'ils soient riches, comme cela, quand ils seront malades, ils pourront se soigner.

– Mais Seny, ce n'est pas ta famille. Tu ne les connais pas. Tu ne peux pas prendre leur défense ainsi. Tu ne peux pas pleurer pour eux tout le temps. Personne ne leur veut du mal !

– Alors, pourquoi ont-ils des gardes si personne ne leur veut du mal ?

Mon oncle m'a répondu en riant que les gardes étaient surtout là pour respecter la tradition.

Je suis allée dans ma chambre, je me suis allongée, les yeux dans le vague, pensant à ma mère de cœur et à sa famille, à leur palais.

La déception et la peur m'envahissent de savoir qu'il existe des gens qui n'aiment pas les Noirs. Je ne peux imaginer un seul instant que ma mère de cœur, si douce, si gentille, ait pu élever des enfants racistes. Je regrette de ne pas les connaître vraiment et suis perturbée par le fait d'aimer très fort des gens riches et inaccessibles, mais finis par m'endormir.

À chaque fois que je suis désespérée, ma mère de cœur revient dans mes rêves, mais jamais je ne peux me souvenir, au réveil, de la façon dont elle est habillée. Je crois qu'elle porte toujours des vêtements clairs. Mais ce que je vois dans chaque rêve, c'est son visage lumineux, son sourire capable de rendre heureux le plus malheureux des malheureux. Comme d'habitude, elle s'allonge à mes côtés et me dit qu'elle m'aime très fort mais qu'on ne se verra jamais.

Ma famille – la vraie – me dirait encore que je délire. Que je suis folle. Et, moi-même, je le pense parfois.

Mais ce qui est réel dans ce délire, c'est qu'elle me rend vraiment heureuse. Et ce qui m'a troublée, plus tard, au moment de son décès, c'est que, dans mon rêve, elle m'avait bien prévenue qu'on ne se rencontrerait jamais.

En me remémorant tout ceci, je réalise que, bien que mon oncle ait parlé ce soir-là de racisme, alors même que je m'efforçais, par mes rêves, de visualiser ma mère de cœur, de deviner la couleur de ses vêtements, jamais je ne m'étais rendu compte qu'elle était blanche. Pour parvenir à cette évidence, il faudra l'épisode de la lettre que je lui ai adressée un peu plus tard.

*

Et ma vie continue à Kaolack. Mes copines s'intéressent aux garçons. Moi, j'aime lire et bavarder avec mon papy.

J'écoute la radio, la télé. Toutes les informations m'intéressent : je ne suis pas RFI pour rien ! Mais ce que j'espère avant tout, c'est avoir des informations sur la famille de Monaco. Je vis avec l'obsession d'avoir des nouvelles de ma mère de cœur.

Je vais aussi au cinéma avec la permission de mes grands-parents, quand mon père est en voyage. Ce sont mes vacances à moi.

Je me souviens des salles de cinéma de Kaolack. Il y avait le Rialto, l'ABC, le Rex, le Vox... Mon préféré, peut-être parce qu'il se trouvait tout simplement près de chez nous, était l'ABC.

On y passait surtout des films Bollywood qui avaient – et, je pense, ont encore – beaucoup de succès au Sénégal. Nous connaissions d'ailleurs bien mieux les acteurs indiens que les acteurs français. Bien sûr, parmi ces derniers, nous avions de l'admiration pour quelques-uns en particulier, tout spécialement Alain Delon et Jean-Paul Belmondo. Nous aimions aussi beaucoup un comédien aux grands yeux bleus dont le film *Black Mic Mac* fit un vrai tabac chez nous. Jacques Villeret, bien sûr.

Là, je butine allègrement au fil des années car, à l'époque de la sortie de *Black Mic Mac*, je pense que je devais avoir dans les 18 ans...

Mais quel bonheur de me repasser ce film en mémoire ! Je l'ai vu si souvent que je le connais par cœur. Je n'ai certainement pas fait preuve d'une grande originalité en aimant *Black Mic Mac* qui, outre le succès qu'il a rencontré en France, avait tout pour plaire chez nous. En effet, comment ne pas applaudir à l'histoire de Michel, petit fonctionnaire des services d'hygiène, complètement obnubilé par les règlements et qui, plongé dans le milieu africain de Paris, n'a qu'une obsession : parvenir à ordonner la destruction d'un foyer d'immigrés jugé hors normes ? Le pauvre ! Pour lui, c'est compter sans les traditions. Il va se faire « marabouter » et, une fois envoûté, changera du tout au tout pour prendre la défense de ceux qu'il avait voulu faire expulser. Il devra démissionner, mais se consolera dans les bras d'Anisette, une belle Black.

Dire que, bien plus tard, c'est moi – une autre Black – qui redonnerai le goût de vivre au comédien !

J'ai beaucoup ri, à l'époque, chaque fois que j'ai vu ce film. Mais il n'y avait pas que le rire. J'étais troublée par le visage de Jacques Villeret. Je n'aurais su dire pourquoi mais, feuilletant la presse, lorsque j'y croisais les visages de la famille de Monaco, celui de Jacques s'y mêlait parfois, comme une image subliminale...

6

Un jour, j'avais environ 11 ans, un cousin de Dakar est venu nous rendre visite. Et ce cousin a entendu ma demi-sœur se moquer de moi... Elle lui disait que j'avais une copine qui était un vrai fantôme.

Je me suis défendue, rétorquant que j'avais des amis, bien réels, qu'ils habitaient en France et qu'un jour j'irais les rejoindre pour vivre avec eux. Sans doute n'étais-je pas très persuasive car mon cousin a insisté à propos de ma « copine » :

– Elle te connaît ?

Je n'ai pas répondu.

– Écris-lui donc ! m'a-t-il dit.

Là, je crois que mon visage s'est illuminé. L'idée ne m'avait jamais effleurée. Il a insisté, me suggérant d'adresser ma lettre par l'intermédiaire du journal dans lequel j'avais découpé la photo.

Or mon papy était le seul à connaître le titre de ce journal. Je lui ai donc expliqué l'idée de mon cousin, que j'avais aussitôt adoptée, bien décidée à la mettre en pratique.

Incroyable papy ! Que n'aurait-il pas fait pour me rendre aussi heureuse que possible ? Il m'a écoutée sans se moquer, ne cherchant absolument pas à me faire changer d'idée, et s'est rapidement occupé de la question. Il était heureux de me faire plaisir et rayonnait en me confiant l'adresse, peu après.

Restait à écrire la lettre. Impensable, pour moi : j'écrivais très mal et il était hors de question que j'adresse une lettre mal rédigée à ma famille de cœur. J'ai bien réfléchi, et j'ai pensé à un autre cousin qui avait une excellente réputation de bon élève et qui, j'en étais persuadée, pouvait se charger honorablement de cette importante mission.

Mais comment lui demander une pareille chose sans qu'il se moque de moi ? Je me suis armée de tout mon courage pour lui exposer mon souhait. Il voulait bien, me dit-il... moyennant un paiement de cinquante francs. Quelle ne fut pas ma déception ! Je n'avais pas un centime.

Alors j'ai décidé d'utiliser à cet effet l'argent que l'on me confiait pour mon petit déjeuner à l'école.

Je savais que, si ma mamy apprenait l'usage que je faisais de cet argent, que je me privais de petit déjeuner pour écrire à ma « mère fantôme », comme elle disait, j'aurais droit à une fessée en règle.

Quant à mon père, si une telle chose lui parvenait aux oreilles, j'étais certaine qu'il n'hésiterait pas à me tuer.

Mais j'avais tellement envie que ma mère de cœur puisse recevoir ma lettre qu'au bout de trois semaines de réflexion, tout de même, j'ai acheté du papier, une enveloppe, un timbre. J'étais prête : il ne me restait plus qu'à remettre le tout à mon cousin, avec les cinquante francs.

La nuit suivante je ne suis pas parvenue à dormir. Je pensais à tout ce que j'allais dire à ma mère de cœur : que je l'aimais profondément, que j'avais envie de la voir, de me confier à elle, qu'elle était d'une grande beauté, que je souhaitais tant me retrouver dans ses bras. Je lui demanderais aussi de faire de gros bisous à ma sœur Stéphanie, ainsi qu'à son frère et à sa sœur.

Je l'ai imaginée, lisant et relisant ma lettre. Et je voyais son sourire fabuleux tandis qu'elle découvrait mes propos, de véritables déclarations d'amour. Et je me disais : « Oui, de l'amour, vraiment de l'amour ! Je l'aime, cette maman de cœur, comme personne n'a encore jamais aimé. Et mon amour sera toujours aussi fort, jusqu'à la fin des temps. »

Le lendemain matin, j'ai vu que mon cousin était là. Il m'attendait. Je me suis dit qu'il devait surtout être intéressé par les cinquante francs que j'allais lui remettre, avec le papier, l'enveloppe et le timbre.

– Et j'écris avec quoi ? m'a-t-il dit.

C'est vrai que je n'avais pas pensé au stylo.

Il a proposé de m'en louer un, mais je n'avais plus un sou. Il a bien voulu me faire crédit jusqu'au lendemain matin : je le paierais, encore une fois, avec l'argent du petit déjeuner.

Il fallait donc attendre encore un peu. Mais, dans le fond, j'étais soulagée car ce contretemps me donnait un jour de plus pour réfléchir à cette lettre qui me tenait tant à cœur.

Le lendemain, nous nous sommes donc mis à l'œuvre. J'expliquais à mon cousin tout ce que je souhaitais dire dans ma lettre, puis la dictais, mot après mot.

Une fois la lettre terminée, mon cousin m'a demandé de signer en bas de la page.

J'étais heureuse. J'avais confiance en mon cousin qui savait écrire, bien écrire. J'ai tenu la lettre dans mes mains. J'y ai mis ma signature. Quel bonheur ! Quelle fierté !

J'ai confié la lettre à mon cousin afin qu'il la poste dans l'après-midi. Je lui ai demandé combien de jours il faudrait pour qu'elle parvienne à destination. Il m'a répondu qu'il fallait compter une huitaine pour qu'elle atteigne Paris. Je me disais : « Ah ! Paris, cette si belle ville ! Ma lettre allait parvenir jusqu'à Paris, une lettre signée par moi ! »

J'ai compté les huit jours, minute par minute, ou presque.

Pour la réponse, car je ne doutais pas un instant que réponse il y aurait, bien entendu, il m'a dit qu'il faudrait patienter au minimum un mois...

J'ai recommencé à compter les jours, les semaines. Et puis les mois. Rien. Pas de réponse.

Je m'inquiétais beaucoup. Je n'avais qu'une explication en tête : ma mère de cœur avait un empêchement. Elle était certainement malade.

Ma sœur se moquait de moi :

– Tu ne vas tout de même pas croire qu'une Blanche comme ta dame fantôme aura l'idée de répondre à la lettre d'une Noire dans ton genre ! Faut pas rêver !

Je me suis enfuie dans ma chambre. J'ai regardé ce qui me restait de la photo de famille. Pas grand-chose, en réalité : je l'avais tant serrée contre mon cœur et elle avait si souvent été souillée par les larmes qu'elle n'était plus qu'un chiffon de papier. À mes yeux, cela n'avait pas beaucoup d'importance : c'était toujours l'image de ma famille de cœur. Mais, pour la première fois, j'ai vraiment constaté que nous n'étions pas de la même couleur de peau. Quelle importance ?

Le temps passait... Et un jour, un copain de mon cousin m'a dit que, si je le payais, il aurait des choses à m'apprendre sur la lettre que j'attendais. Je lui ai remis l'argent : je n'en pouvais plus de demeurer sans réponse. Je ne sais même plus ni quelle somme il avait exigée, ni comment je me l'étais procurée. Ce dont je me souviens, hélas ! c'est que, en entendant ce qu'il avait à me raconter, j'ai cru que mon cœur me lâchait définitivement. En effet, le garçon m'a appris que mon cousin avait gardé l'argent mais déchiré la lettre.

J'ai alors couru voir mon cousin pour lui demander si c'était vrai. M'avait-il vraiment trompée à ce point ? Il m'a répondu, avec beaucoup d'assurance, sans paraître le moins du monde gêné, que c'était vrai mais que, de toute façon, je ne pouvais rien contre lui. Du coup, je me suis transformée en véritable lionne, lui labourant le visage de mes ongles. Il m'a ceinturée. Je me débattais. J'ai hurlé. Personne ne m'avait jamais vue dans cet état. Ma mamy disait que j'étais devenue folle. On m'a enfermée dans la chambre. Je ne cessais de pleurer. Ma sœur est entrée, me traitant elle aussi de cinglée.

– Notre père va te tuer, c'est sûr. Il va tout savoir pour la lettre. Et, au fait, comment t'es-tu procuré l'argent ?

Pour la première fois j'ai vu de la peur dans son regard. Je lui ai répondu que je ne craignais pas de mourir :

– J'attends la mort depuis si longtemps... Je voulais juste avoir un contact avec ma mère de cœur. Je sais aujourd'hui que c'est fini. Que je ne pourrai plus jamais la voir.

Je me suis allongée sur le sol et j'ai pleuré toutes les larmes de mon corps.

Et puis, j'ai su que mon père était rentré. Il avait l'habitude d'émettre un curieux bruit de gorge, un bruit qui nous faisait peur. Pour une fois, ce bruit n'a eu aucun effet sur moi. Je crois que j'étais déjà ailleurs, dans une sorte d'état comateux.

Ma mamy a commencé à lui raconter comment j'avais griffé le visage de mon cousin à cause d'une histoire de lettre. Il est arrivé dans la chambre et, pour une fois, avant de frapper, m'a posé des questions. C'était tout ce que je souhaitais, depuis longtemps : qu'il me demande des explications avant de cogner. Mais aujourd'hui cela m'était égal. Ma seule réponse était dans mes yeux. Et mon regard lui disait :

– Tu peux me tuer. Je n'ai plus rien à attendre de la vie.

Il m'a fixée. J'ai osé le défier du regard, toujours en silence.

Il est sorti.

Il est revenu avec un bâton.

Ma mamy criait :

– Laisse-la, ne la frappe pas !

Mais il ne l'a pas écoutée et a commencé à me battre. Je ne pleurais pas, je ne bougeais pas. Il frappait de plus en plus fort.

Après, je ne me souviens de rien.

Je me suis réveillée sans savoir si c'était le même jour ou le lendemain. J'avais mal partout, des hématomes sur tout le corps. Je ne pouvais plus bouger. Ma mamy est arrivée avec des médicaments pour me soigner. Ma tête me faisait si mal. Je l'ai touchée, il y avait une grosse boule. Je me suis allongée et j'ai revu tout ce qui s'était passé ce jour-là. Mon corps, mon cœur, mon esprit étaient comme anesthésiés par les coups de mon père.

Je ne sais plus où était mon papy lorsque ceci est arrivé. Sans doute en voyage car, s'il avait été là, il n'aurait certainement pas permis cela.

7

Tous mes souvenirs se bousculent, dans le désordre. Peut-être à l'image de la confusion dans laquelle j'ai baigné durant toute mon enfance, loin d'une mère quasi inconnue pour moi, subissant les coups d'un père que j'aurais dû, en toute logique, détester mais que je n'ai jamais cessé d'aimer profondément, et m'étant inventé une mère de cœur à laquelle je dois, finalement, et sans doute paradoxalement, d'avoir gardé mon équilibre.

*

Un jour, une très belle dame arrive chez nous. Elle est grande, élégante. Toute la famille la regarde avec admiration. J'ai comme l'impression de connaître cette femme. Je lui ressemble même. Elle salue ma mamy qui l'appelle Assy. Je sursaute : Assy, c'est ma maman !

Mais la dame répond :

– Mais non ! Moi, c'est Fatou. Assy est ma jumelle.

Elle vient vers moi, me prend dans ses bras, m'embrasse très fort et me demande :

– Tu me reconnais ?

Je réponds oui, avec un petit sourire timide. Sans doute pour lui faire plaisir car, en réalité, dire que je la reconnais vraiment n'est pas très juste. En fait, c'est ma mère que je vois en elle, tant elles se ressemblent. Mais il y a autre chose, une évidence à laquelle j'ai déjà pensé : je trouve que le visage de ma mère évoque pour moi celui de Grace Kelly.

À ce moment, c'est un drôle de mélange qui s'opère dans ma petite tête : ma mère (la vraie), sa sœur jumelle qui lui ressemble à s'y méprendre, et ma mère de cœur... Aujourd'hui, en écrivant ceci, je constate que ce mélange d'images féminines en annonçait sans doute un autre qui, plus tard, ferait se confondre deux figures d'hommes...

Toute ma famille est aux petits soins pour la tante Fatou. Soudain, j'entends mon père émettre son bruit de gorge si caractéristique, une sorte de grondement qui, je l'ai constaté à mes dépens, est souvent le prélude à une raclée. Je m'éloigne discrètement.

À ma grande surprise, mon père semble très content de revoir ma tante. Ils s'embrassent et se mettent à plaisanter comme de bons copains qui se retrouvent après s'être longtemps perdus de vue. Cela peut surprendre mais ça m'a fait plaisir de voir mon père ainsi.

Ma tante me réclame. Je viens vers elle la tête baissée. Et je dis bonjour à mon père. Ma tante sourit et me demande pourquoi je fais la timide.

– Récite-moi quelque chose, me dit-elle.

Je ne dis rien. Elle insiste. Mon père intervient en expliquant que je suis très intelligente mais que je ne veux pas travailler et que son père à lui, c'est-à-dire mon papy, m'a toujours trop protégée. Ma tante Fatou me conseille donc de bien travailler à l'école afin d'obtenir, plus tard, un bon job.

Elle est restée deux jours chez nous, à Kaolack, et j'en garde un bon souvenir, car ce séjour s'est bien passé, sans qu'il ne vienne à mon père l'idée de me battre. Il n'y a pas à dire : ma tante Fatou a conquis toute la famille, qui l'a trouvée très gentille.

Est-ce parce que ma tante Fatou l'avait suggéré ? Toujours est-il qu'on m'a annoncé peu après que j'allais bientôt rendre visite à ma mère à Saint-Louis. J'étais contente, mais sans plus. J'avais alors à peu près 10 ans et le soir, dans mon lit, c'est à ma mère de cœur que je pensais. C'est elle que j'aurais voulu aller voir.

*

On a préparé mon voyage. Je savais que j'allais prendre le train et voir des tas d'autres choses pendant une semaine. Le jour J, mon père m'a mise dans le train, une ficelle autour du cou avec un écriteau sur lequel étaient inscrits le nom et l'adresse de ma mère. C'est le chef de gare qui, à l'arrivée, m'a conduite auprès de ma mère.

Je me souviens que personne dans cette maison n'avait l'air heureux de me voir paraître. Il y avait là des demi-frères et des demi-sœurs qui ne me connaissaient pas et qui ne s'attendaient pas à me voir débarquer. Il me semble même que ma mère n'avait pas été prévenue de ma visite.

Au bout de quelques jours, j'ai commencé à me familiariser avec pas mal d'entre eux. Mais je sentais que j'étais une étrangère. Les enfants appelaient ma mère par son prénom. Et je sais que, pendant tout ce séjour, je ne l'ai jamais appelée maman.

Le soir, je parlais avec ma mère de cœur. Je lui racontais ma vraie mère, que j'aimais, que je trouvais belle et gentille, mais avec laquelle je n'avais finalement pas de réelle relation mère-fille. Je me disais : « Peu importe, car je sais que j'ai une vraie mère de cœur que j'aime, et qui m'aime et qui me visite dans mes rêves. Je sais qu'elle existe. »

*

C'est très bizarre. Je suis chez ma mère avec mes frères et sœurs. Ici, personne ne me frappe. Je me sens bien, mais j'ai envie de rentrer. Mon papy me manque. Et j'ai peur que ma mère de cœur ne cesse de venir me rendre visite dans mes rêves parce que j'habite chez ma vraie mère.

Je suis revenue à Kaolack, contente de retrouver mes repères. Mon papy, ma mamy. Les coups de mon père aussi. Ils font partie du quotidien mais, dans mon esprit comme dans mon cœur, c'est l'amour qui règne et personne ne peut le détruire.

*

En 1982, j'ai 15 ans et, un triste jour, papy vient me voir pour me dire tout doucement :

– J'ai une mauvaise nouvelle, Seny. La princesse Grace et sa fille ont eu un accident...

Je n'ai pas bronché car je n'avais jamais entendu mon papy prononcer le mot princesse à l'égard de ma mère de cœur.

Je regarde mon papy, incapable de poser les questions qui me brûlent les lèvres. Il poursuit, comme s'il les avait devinées :

– Elles vont bien. Elles sont à l'hôpital et, tu sais, il y a de bons docteurs en Europe qui sauront les soigner.

Je me souviens de m'être allongée sur mon lit. J'ai dit que j'étais malade. Seul mon grand-père savait pourquoi. Je suis restée couchée des heures et des heures. Je ne sentais rien, je ne pensais à rien. J'étais devenue un légume. Le lendemain matin, ma mamy est venue me voir. Elle s'est écriée :

– Mon Dieu, elle est brûlante !

Elle m'a donné des médicaments et forcée à ingurgiter de la bouillie.

Avais-je faim ? Est-ce que mon esprit, mon ventre, ma bouche, mon corps avaient besoin de nourriture ? Sans doute, mais pourquoi manger ?

J'ai joué à la malade, mais à présent je le suis réellement.

Mamy s'inquiète vraiment pour moi.

Mon papy est venu me voir :

– Au début, tu faisais semblant, me dit-il, mais là tu es vraiment malade. Il faut que tu manges, que tu te soignes. Il faut que tu ailles mieux, que tu pries afin que ta mère de cœur et sa fille guérissent très vite.

Une semaine plus tard, je me suis regardée dans le miroir. J'étais tellement maigre que je me faisais peur. Mais ça m'était égal. J'ai commencé à me remettre et à réfléchir. Comment cet accident a-t-il eu lieu ? Sont-elles gravement blessées ? Je ne savais rien et mon papy non plus, du moins ne me le disait-il pas. Je me sentais incapable de prier et de demander quoi que ce soit à Dieu.

Un soir, j'ai fait un rêve. Un ange est entré dans ma chambre, nimbé d'une lumière éclatante. Cet ange était une femme, avec des ailes. Elle était toute de blanc vêtue. Elle volait doucement, comme au ralenti, et s'est posée à côté de mon lit. J'avais le corps glacé. Elle m'a dit :

– N'aie pas peur, ma chérie.

Malgré la lumière aveuglante, j'ai reconnu le visage inoubliable de ma mère de cœur. Elle m'a effleuré le visage et m'a quittée en s'envolant. La magnifique lumière qui l'enveloppait a disparu.

Le matin au réveil, je suis allée consulter une mamy du voisinage qui avait la réputation de savoir décrypter les rêves. Lorsque je lui ai décrit le mien, elle m'a expliqué qu'elle y voyait le décès prochain de ma mère.

De retour dans ma chambre, je me suis dit que ma mère de cœur n'étant pas ma vraie mère, ce rêve ne la concernait pas, malgré l'accident.

Encore aujourd'hui, je me demande comment j'ai pu admettre que ma mère, la vraie, allait mourir, selon mon rêve, sans que cela ne me bouleverse. Bien sûr, je ne la connaissais pratiquement pas, n'ayant d'elle que de lointains souvenirs. Je l'aimais, pourtant. Mais ma mère de cœur avait pris une telle place en moi, et ma santé était si déplorable, que je ne pensais qu'à elle.

Mon papy avait remarqué mon comportement. Il m'adressa à un docteur. Celui-ci me trouva anémiée et me bourra de médicaments.

Moi, ce qui m'importait n'était pas mon état de santé mais celui de la princesse Grace et de sa fille Stéphanie.

*

Un matin, mon papy s'est mis à évoquer la mort. Il m'a parlé de la perte de ses parents, de son frère aîné, partis pour le voyage sans retour, de ses propres enfants qui eux aussi avaient disparu à tout jamais. Je lui ai dit que cela devait être terrible de perdre toutes ces personnes si proches. Il m'a répondu que c'était très dur, mais que la vie continuait.

À la fin de sa tirade sur la mort de ses proches, il m'a annoncé, tout doucement, la fin de Grace Kelly. Il a précisé :

– Elle était trop gravement blessée pour que les médecins puissent la sauver. Mais sa fille est hors de danger. Elle doit bientôt sortir de l'hôpital.

Avec papy à mes côtés, je suis restée très calme. Il a continué à me parler :

– Les gens bien, Dieu les emmène au Paradis. Quand on perd quelqu'un que l'on aime beaucoup, le plus beau des cadeaux qu'on puisse lui faire, c'est de prier.

Je me suis alors levée pour gagner directement la douche et, après mes ablutions, j'ai commencé mes prières :

– Mon Dieu, pardonne-moi de ne pas avoir prié ces derniers jours.

Et j'ai prononcé la prière des morts.

Ensuite, j'ai dit à Dieu :

– Toi qui es le Roi des rois, toi qui règnes sur tout, qui décides de tout, je te prie de laisser vivre ma copine, ma sœur.

J'ai fini ma prière et je suis allée dans une boutique chercher des biscuits et du sucre que j'ai offerts en sacrifice pour la guérison de Stéphanie.

Le soir, avant de me coucher, j'ai prié pour ma mère de cœur et sa fille. J'ai fermé les yeux et j'ai vu ma vie défiler. Qu'elle était triste ! Si je n'avais pas eu mon papy et cette dame de cœur, sûr que je me serais laissée mourir. Et là, je me suis vidée. Quand je dis vidée, cela va au-delà de pleurer.

Une préoccupation s'imposait de plus en plus à mon esprit : il me fallait aller voir la fille de ma mère de cœur. C'était comme une mission. Mais comment faire pour me rendre jusqu'à elle ?

Je suis allée demander conseil à la seule personne qui m'aimait et me comprenait, mon papy.

– Tu sais, Seny, ce n'est pas aussi simple. Pour aller en France, c'est difficile. Il faut avoir une carte d'identité, un passeport. Il faut aussi l'autorisation d'entrer dans ce pays. Et même si on a tout cela, il faut pas mal d'argent. Un jour, tu pourras y aller, mais pour le moment, ta vie est ici.

8

J'ai 17 ans et je commence à penser aux garçons. L'homme de mes rêves est blanc. C'est normal, j'ai grandi, dans mon esprit, avec une famille blanche : ma mère de cœur était blanche.

Mais je commence bientôt à flirter avec mon cousin par alliance. On s'est vite mariés religieusement et je suis tombée enceinte. C'est seulement à deux mois de grossesse que j'ai réalisé que j'avais un bébé dans mon ventre. Je me demandais alors si ma mère de cœur me voyait, si elle savait que j'attendais un bébé.

Car je continue à lui parler sans arrêt. Je lui dis ce que je ressens lorsque mon bébé bouge. Souvent je lui demande conseil. C'est à elle et elle seule que je m'adresse, plutôt qu'aux gens de ma famille.

*

Les mois passent, mon ventre s'arrondit et l'accouchement approche.

Mes relations avec le père de mon futur bébé vont mal, très mal. Je souffre. Est-ce parce que je sais que tout est déjà fini entre nous ou parce que ma mère de cœur me manque terriblement, surtout dans mon état ? Les deux, sans doute.

Le soir, quand je lui parle, je lui dis que, si j'ai un garçon, je l'appellerai Kelly. Si c'est une fille, ce sera Grace. En réalité, si c'est là mon désir le plus fort, je sais que je n'aurai aucun droit de choisir le prénom de mon enfant : dans notre coutume, c'est l'homme qui décide.

Je me souviendrai toujours de ce jeudi soir du mois d'août. Je suis allée me coucher très tard, vers une heure du matin, et me suis endormie après avoir fait, comme tous les soirs, la prière des disparus pour ma mère de cœur.

Depuis plusieurs mois, il m'arrive de rêver d'elle, et c'est toujours le même rêve : elle est là, devant mon lit, en tailleur crème. Elle me regarde et me sourit. Je suis toujours allongée avec mon gros ventre. Elle se penche vers moi. Elle m'embrasse sur le front, caresse mon ventre, puis disparaît. Je hurle :

– Ne me laisse pas, maman, ne me laisse pas, s'il te plaît !

Cette fois, ma cousine frappe à ma porte, entre et me demande pourquoi j'appelle ma mère.

Je lui demande quelle heure il est. Elle me répond : « 2 heures. »

– Ce n'est rien, j'ai fait un rêve.

Je me recouche et je pense à ce rêve qui s'estompe déjà. Je suis contente : elle est venue me voir. Elle m'aime et sait que j'existe.

Je sens quelques douleurs. Je pense à l'accouchement. J'ai entendu dire que c'est très douloureux et que ça peut durer un jour ou deux.

Mon ventre me fait mal, très mal. Je me lève et je sors faire les cent pas devant la maison. Un voisin qui rentre chez lui me demande ce que je fais dehors à cette heure de la nuit. Je lui réponds que j'ai très mal au ventre. Il appelle ma cousine et son mari qui me proposent de m'emmener à la maternité. J'accepte car j'ai trop mal et mon ventre est sur mes cuisses. La maternité est à cinq minutes de la maison. Nous partons à pied car, à cette heure avancée, il n'y a plus de taxis.

À chaque contraction, je voudrais bien me laisser tomber sur le sable, mais la peur d'accoucher est plus forte que la douleur. Dès que les contractions s'arrêtent, je marche très vite.

Ma cousine et son mari se chamaillent à qui mieux mieux : elle voudrait que son mari avertisse le futur papa qui se trouve chez des amis. Mais pour lui, pas question de nous laisser, deux filles, comme ça, seules dans la nuit.

Nous arrivons à la maternité. La matrone – c'est la personne qui s'occupe des accouchements – me regarde et me dit :

– Si tu n'habites pas trop loin, tu peux rentrer chez toi car ce n'est pas pour tout de suite.

Mais j'ai peur de repartir et, tant pis, je préfère mentir : je réponds que j'habite très loin.

Elle me place alors dans une salle d'attente où je souffre le martyre. Je demande à ma mère de cœur de m'aider car je suis persuadée que je ne vais pas pouvoir endurer la douleur plus longtemps.

Je demande à voir la sage-femme. Elle est dans son bureau. Elle viendra, me dit-on, au moment voulu. Encore une autre contraction. Je vais mourir. Je demande la matrone. Je me lève et je sens de l'eau couler le long de mes jambes. Je panique :

– Je vais mourir, je vais mourir !

– Calme-toi, me dit la matrone. Tu vas avoir ton bébé. Viens sur la table.

J'essaye de courir.

– Doucement, s'écrie-t-elle. Ne cours pas. Tu vas abîmer ton bébé.

Je m'allonge sur la table. Je n'ai plus mal : j'ai l'impression que les eaux ont emporté la douleur. Et la matrone me demande de pousser, de pousser, ce que je ne cesse de faire, de toutes mes forces.

Mais, rien à faire, le bébé ne veut pas sortir.

La matrone appelle la sage-femme, qui vient enfin s'occuper de moi. Elle pratique une épisiotomie, c'est-à-dire l'incision de la vulve et des muscles du périnée.

Le bébé sort alors sans problème. C'est un garçon. Mais ce qui m'attend maintenant, sur cette table d'accouchement, c'est le pire : la pose d'agrafes pour refermer l'incision. Car tout cela se passe sans anesthésie !

Quand je me retrouve dans une chambre avec mon bébé, il est 7 heures du matin. Mon accouchement a duré cinq heures.

Je suis à peine installée dans la chambre que voici une première visite : celle de mon papy. Mon cher papy, mon prince, mon roi ! Il est venu embrasser le garçon de sa petite-fille chérie. Je me mets à pleurer, à pleurer, encore et encore... Je pleure d'être seule, sans mère ni mère de cœur.

Le nouveau père arrive. Il est très fier de son garçon. Il y a de quoi : il est très beau. Mais je regrette de ne pouvoir l'appeler Kelly. Son père a choisi son prénom : ce sera Honda.

Je rentre bientôt à la maison. C'est le baptême, un très joli baptême. Tout le monde est content, sauf moi. Car je sais déjà que le père de mon fils ne sera jamais mon prince charmant. Comment pourrais-je être heureuse ?

*

Et ma vie se poursuit. Comme avant, sauf que j'ai un bébé et pas de mari.

J'ai allaité mon bébé pendant sept mois. J'ai arrêté car les seins me faisaient très mal. J'avais une boule sur le sein gauche. J'ai vu un médecin qui m'a conseillée de voir un spécialiste des maladies infectieuses. En le quittant, j'ai lu sur l'ordonnance : « tumeur du sein gauche ». Je sais exactement ce que cela veut dire : cancer !

Je suis revenue à la maison très calmement. Là, il y avait un oncle et une tante. J'ai donné l'ordonnance à mon oncle. Il a confirmé mes craintes et conseillé de me rendre à pied, et sans attendre, à l'hôpital du quartier, qui se trouve à vingt minutes de marche.

Sur le chemin de l'hôpital, j'ai vraiment le moral au plus bas. Je me demande ce qui me retient à la vie : mon fils n'est pas à moi car je sais que son père va le récupérer très vite.

Mais mon papy chéri ? Je ne peux pas l'abandonner !

Il y a Stéphanie aussi, que je voudrais tant rencontrer. Et, au plus profond de moi, j'ai cette envie impérieuse d'aller me recueillir sur la tombe de ma mère de cœur. Pour réaliser ces rêves, j'ai besoin de vivre.

À l'hôpital, je rencontre un médecin ami de mon père. Il me demande ce que je fais là, regarde le mot de son confrère, examine mon sein et m'adresse à un de ses amis, chirurgien au Grand Hôpital :

– Donne-lui ce mot. Il t'enlèvera cette tumeur. Et ne t'en fais pas, ce n'est rien du tout.

Me voilà donc une nouvelle fois en route pour un autre hôpital. Mais je suis rassurée, tranquille, presque soulagée.

Le chirurgien à qui je remets le mot de l'ami de mon père, examine mon sein à son tour. Il m'annonce que l'opération ne s'impose pas et qu'il me suffit de prendre quelques antibiotiques. J'ai suivi son traitement pendant quinze jours. Je suis guérie.

*

Maintenant que j'ai mon bébé à la maison, on pourrait penser que le comportement de mon père changerait. Je ne suis ni une enfant, ni une adolescente, mais une jeune maman. Mon père est donc devenu grand-père à son tour et un grand-père, on a tendance à l'imaginer plutôt gentil ! Hélas...

Je me souviens d'un soir. Il fait très chaud. Avec les voisins, nous nous sommes installés dehors, recherchant un peu de fraîcheur afin de prendre le thé en bavardant tranquillement, comme à notre habitude. Je m'occupe du thé et rentre à la maison pour le préparer sur la braise. Mon père est là, dans la cuisine. Brusquement, il s'emporte, se met à me reprocher d'avoir regroupé tous ces gens devant sa maison. J'essaie de me justifier.

– Tais-toi, me dit-il, sinon je te tue.

Et il s'empare du couteau de cuisine qui traîne sur la table. J'ai le réflexe de m'agripper à son poignet et la bagarre commence. Si je dis bagarre, c'est que, pour la première fois, je me défends. Il le faut bien, pour que mon père ne me poignarde pas.

Il me frappe, m'envoie de véritables directs de son poing libre. Je me cramponne à la main qui tient le couteau. Je sais que, si je la lâche, il me tuera. Il me cogne la tête contre le mur, de plus en plus fort. Cela fait très mal et je me sens à deux doigts de l'évanouissement.

Mais mon père est bien plus fort que moi. Il va avoir le dessus. C'est alors que mon fils, mon tout petit bébé, me sauve : je l'avais laissé au-dehors et il s'est mis à pleurer. Naturellement, ma belle-sœur, à qui je l'avais confié, le prend pour me le ramener à la maison.

Quand elle entre, elle voit que mon père me bat. Elle appelle au secours. Tout le monde se précipite pour nous séparer. Je suis couverte de sang : on s'aperçoit qu'il provient de mon poignet gauche, profondément entaillé.

Ma belle-sœur m'emmène à l'hôpital en me disant qu'il faudra passer au commissariat de police pour porter plainte. Je lui réponds que je ne le souhaite pas. Je ne veux pas que mon père ait des ennuis avec la police. La vraie raison est différente : je suis persuadée que, si je porte plainte, ma famille ne me pardonnera jamais. Et ma famille, ce n'est pas seulement mon père.

– Seny, c'est de la folie, me dit ma belle-sœur. Ton père te bat depuis l'âge de 3 ans. Si tu ne l'arrêtes pas, tu vas mourir.

À l'hôpital, je dis au médecin que je me suis blessée en découpant de la viande. Il n'est pas dupe et me répond que, si je veux être soignée, je dois lui dire la vérité.

Avant que je puisse répondre, ma belle-sœur intervient :

– C'est son père qui lui a fait ça !

Il me demande comment s'appelle mon père et, quand je lui indique son nom et son prénom, il se rend compte qu'il le connaît. Rien de bien étonnant car ma famille est connue de tout Kaolack.

Il commence à me soigner et me demande où se trouve ma mère. Je lui réponds qu'elle est décédée. Ma belle-sœur, interloquée, s'écrie :

– Mais tu es folle ! Ta mère n'est pas morte. Elle vit à Saint-Louis !

Le médecin me conseille de rentrer chez ma mère avant que mon père ne me tue.

*

Peu après, ma mamy – la mère de mon père – a été victime d'une attaque cérébrale. Elle est restée deux semaines dans le coma. Lorsqu'elle s'est réveillée, elle avait tout le côté gauche paralysé. Avec ma sœur, nous nous sommes beaucoup occupées d'elle.

Et puis ma sœur a décidé de rejoindre son mari. Je me suis donc retrouvée seule avec papy, mon père, le frère de mon père et ma mamy à moitié paralysée. Pendant des mois, je me suis occupée de la maison et de tout le monde. Mon papy était fier de moi.

Un jour, mon père voulait encore me battre. J'ai pris la fuite et ne suis rentrée qu'au matin du lendemain. Je n'en pouvais plus de cette vie et, comme toujours lorsque j'allais trop mal, me suis confiée à papy.

Je lui ai dit que je désirais aller rendre visite à ma mère et à sa famille.

Il était tellement habitué à m'entendre lui parler de ma mère de cœur qu'il a cru que, cette fois encore, c'était d'elle qu'il s'agissait et a commencé à me répondre :

– Tu sais, ça coûte très cher d'aller en Europe...

Mais je l'ai interrompu :

– Non, papy, c'est à Saint-Louis que je veux aller, voir ma vraie mère.

– Tu as raison, m'a-t-il répondu. Comme cela, ils verront le petit et tu pourras te reposer. Tu en as bien besoin.

Dès le lendemain, j'étais prête. Le taxi m'attendait. Mon enfant dans les bras, je suis passée dans la chambre de ma mamy pour lui dire au revoir.

Mon papy regardait pensivement mes bagages et, levant les yeux vers moi, a murmuré :

– Tu reviendras un jour ?

– Bien sûr que je vais revenir !

Son visage m'a bouleversée.

J'ai pleuré tout au long de la route.

*

Chez ma mère, personne ne m'attendait : il est vrai que je débarquais par surprise.

Je ne savais pas pour combien de temps j'étais là, n'ayant en réalité aucun projet, vivant au jour le jour. Mais c'est cette fois-là que j'ai vraiment eu l'occasion de bien connaître ma mère, la vraie...

Je l'avais quittée à l'âge de 3 ans et elle avait été absente de ma vie jusqu'à ce que, vers mes 15 ans, je vienne de temps en temps lui rendre visite à Saint-Louis. Mais il s'agissait toujours de courts séjours, et j'étais sans doute trop jeune pour renouer profondément un lien que notre mode de vie avait si tôt interrompu.

J'aime ma mère. C'est une femme formidable, très généreuse, d'une grande gentillesse.

À Saint-Louis, les jours, les mois passent et, malgré la présence de ma mère et l'amour que nous nous portons mutuellement, je souffre beaucoup car mon papy me manque, ma ville me manque, ma mère de cœur me manque. J'ai envie de voir Stéphanie. Mais, c'est devenu une habitude, je ne peux que tout garder dans mon cœur. Seul papy pourrait m'écouter et me comprendre.

La vie quotidienne suit son cours, banale : je participe aux tâches ménagères et m'occupe de mon fils.

*

Le 31 décembre de cette année-là, ma mère me fait signe d'approcher. Je sens que je dois m'attendre à une mauvaise nouvelle. Elle me dit :

– Ta mamy vient de mourir.

Je dois préparer mes bagages : il faut que je rentre rapidement. Mon papy a besoin de moi.

Le lendemain, je prends le taxi. Je suis triste en arrivant à la maison. Plus de mamy. Heureusement, mon papy est là. Mon papy et mes racines. Je m'en souviens avec douleur : dès qu'il m'a vue arriver, il s'est approché de moi en me disant doucement : « Mes condoléances. »

Je lui ai tendu la main et me suis prosternée devant lui en signe de respect.

J'aurais pourtant préféré le serrer dans mes bras et lui dire que j'étais désolée de l'avoir abandonné durant tous ces mois. Lui dire que je l'aimais au plus profond de moi. Mais chez nous, au Sénégal, on ne manifeste pas ses sentiments ostensiblement quand on aime quelqu'un. Il n'empêche : on se devine avec force. On sent bien quand quelqu'un nous aime et on sait le faire ressentir, sans grandes démonstrations.

Après la mort de mamy, je suis devenue encore plus proche de mon grand-père. Il vieillit bien mais il vieillit tous les jours que Dieu fait et, peu à peu, sa santé décline, insensiblement. Il tombe de plus en plus souvent malade. Je crains de le perdre.

Je sais que ma sœur partage cette appréhension mais nous n'en parlons pas. Je me demande ce qu'elle pense. Elle me donne parfois l'impression d'être morte intérieurement, accablée par toute la douleur qui a été la nôtre et qui se poursuit.

Il me semble que, si je m'en sors mieux qu'elle, c'est parce que je m'accroche à l'amour que j'ai trouvé dans ma famille de cœur.

Et puis, j'ai mon fils. Mais ça ne durera pas... Son père est devenu un footballeur très réputé. Il s'appelle Fall mais, au Sénégal, on le surnomme Amoros, par référence au célèbre joueur de l'équipe de France : il occupe la place de latéral droit, comme lui. Il a d'ailleurs fait une belle carrière dans ce sport, qu'il a terminée il y a cinq ans, en jouant à Dubaï.

Un jour, il a décidé de récupérer son fils, estimant que j'étais trop jeune pour m'occuper d'un enfant, surtout d'un garçon, et de le confier à son frère célibataire qui vivait loin de Kaolack, à plus de deux cent cinquante kilomètres...

Et voilà : j'ai laissé partir mon fils. Je suis alors restée sans nouvelles de lui durant plus d'un an. Je l'ai laissé partir comme ma mère l'avait fait avec moi, et je me suis dit : « Tu fais ce que tu t'étais juré de ne jamais laisser s'accomplir. » Et ça m'a fait mal, de me séparer de mon enfant.

Mais je n'avais pas le choix. Je dois dire aussi que, finalement, la déchirure – bien réelle – était relativisée, compte tenu de nos coutumes. Chez nous, ce n'est pas étonnant, ce type d'abandon. Bien sûr, il y a l'amour maternel, mais quand les circonstances de la vie provoquent de telles séparations, on trouve ça normal.

Tout de même, j'avais peur que mon fils ne souffre comme j'avais souffert. Je pense d'ailleurs qu'il a certainement vécu des moments difficiles. Un jour, bien plus tard, j'ai eu l'occasion d'aller à Dakar. J'ai tout fait pour effectuer un crochet et passer par la ville où vivait alors Honda. Il n'avait que 4 ou 5 ans. Ce jour-là, j'ai pu passer toute l'après-midi avec lui. Quand je suis partie, il poussait des hurlements déchirants. Je l'ai quitté en pleurant, moi aussi, parce que je ne pouvais pas, à cette époque, subvenir à nos besoins.

Aujourd'hui, Honda vit avec moi en France. Quel a été l'impact de notre séparation sur lui ? Il n'en parle pas, mais c'est comme ça chez nous : on ne revient pas sur ce qui est arrivé. Nous sommes éduqués, conditionnés, pour accepter avec résignation tout ce qui s'est passé dans notre enfance.

9

Reçois-moi dans la nuit qu'éclaire l'assurance de ton regard[1].

La santé de papy décline sérieusement, mais il se comporte comme s'il ne s'agissait que d'une mauvaise passe. Fait-il semblant ? Il déclare :

– Je suis malade. Pas mourant.

Mais il est vieux, tout simplement : nous sommes en 1989 et il a maintenant 80 ans. Un bel âge, au Sénégal, où l'espérance de vie n'est pas celle que l'on connaît en France.

Il a décidé de rester à la maison où le médecin vient tous les jours lui prodiguer les soins. Sa deuxième épouse – une autre mamy ! – le veille. Un de ses neveux, médecin, vient aussi lui rendre visite.

Toute la famille débarque, même ceux que l'on n'a pas vus depuis longtemps. Je me demande comment ils ont fait pour être au courant.

Évidemment, je comprends pourquoi tous ces gens défilent à son chevet. Je ne me fais guère d'illusions sur ce qui va bientôt se passer. Je le veille de mon mieux. J'ai installé mon petit lit dans sa chambre. Je ne le quitte plus, lui donnant bien régulièrement les médicaments qui lui ont été prescrits.

Ce matin, il tousse, mais refuse de prendre son sirop, en me disant :

– Tu sais, il arrive un moment où les médicaments ne te soignent plus.

1. Léopold Sédar Senghor , « Ndessé », in *Osties noires*, Le Seuil, 1948.

J'insiste. Il finit par le prendre. Cela m'a tétanisée qu'il m'ait parlé ainsi. Je me dis que je ne dois plus le quitter, pas une seconde, que je ne peux pas me permettre d'aller aux toilettes, de m'endormir. Car, dans la légende, on nous dit que l'esprit qui vient aider à mourir ne parvient pas à le faire si l'on a près de soi quelqu'un qui vous aime très fort.

Je suis prête à rester éveillée toute ma vie pour garder mon papy en vie. Mon papy chéri, la seule personne qui m'ait vraiment aimée et comprise. À l'heure du déjeuner, il me dit d'aller manger. Je lui dis que je n'ai pas faim. Ma sœur lui sert sa soupe. Il me demande de venir la partager avec lui, comme on l'a fait souvent. Mon papy est un gourmet, et cela fait partie de notre complicité.

Il me demande de l'aider à s'allonger aussi confortablement que possible. Je le revois, vêtu d'un pyjama blanc, comme celui de Blake Carrington, dans le feuilleton *Dynastie*...

Puis il me donne la clé de son coffre-fort et me demande de lui remettre l'enveloppe qui s'y trouve, de la placer dans la poche de son pyjama. J'ai du mal à y parvenir : elle est épaisse, gonflée de billets. Il ferme les yeux et me dit :

– Il y a des gens qui meurent et leur famille n'a rien pour organiser les funérailles. Moi, j'ai assez d'argent, ma famille n'aura pas ce problème.

Il somnole, respire normalement et ne ressemble pas à quelqu'un qui va mourir.

Quelques heures plus tard, il s'éveille, me demande si je dors.

Il a soif et réclame un peu d'eau.

Une de mes tantes, qui habite Genève, téléphone pour prendre de ses nouvelles. Elle veut qu'on le transporte sans tarder dans une clinique de Dakar. Docile, je commence à préparer sa valise, y rangeant ses plus beaux habits. Il me regarde et me dit :

– Je ne vais pas à un défilé de mode, Seny. Je vais me faire soigner. Ne mets pas tant de vêtements dans cette valise, et prends les plus légers. Et mets aussi les tiens car tu viens avec moi...

Bien sûr que je vais avec lui !

Mais c'est sans tenir compte de mon bourreau de père qui entre dans la chambre de papy, me regarde, d'abord sans dire un mot, puis me donne l'ordre de sortir pour aller lui chercher des cigarettes.

Je ne puis lui dire non, même si l'envie ne m'en manque pas : c'est mon père, j'obéis.

Je file comme une flèche à la boutique. Dix minutes aller-retour. Je reviens vite à la maison où règne une grande effervescence, mon père houspillant ma sœur, vociférant pour qu'elle appelle telle et telle personne.

J'arrive devant la chambre de mon papy et demande à ma mamy ce qui se passe.

– C'est ton papy qui va mal, me répond-elle...

Je fonce à la chambre. Mon père est là, avec un oncle. Je vois que papy a de plus en plus de mal à respirer. Soudain, il pousse un grand soupir. Et plus rien. Je comprends que tout est fini.

La douleur me rend comme folle. Je sors et je cours d'un quartier à l'autre, appelant Dieu, lui demandant où il se trouve vraiment. Où se cache-t-il ? Pourquoi ma mère de cœur, ma mamy, mon papy, pourquoi les a-t-il repris ? Pourquoi, Dieu, me faut-il souffrir depuis que je suis toute petite ?

Je me calme peu à peu et rentre à la maison. Il y a foule. Tout le monde pleure. Je souffre horriblement.

Vers 10 heures du soir, nous avons terminé de préparer mon papy. On l'cmmène à la morgue de la mosquée. Il y passera sa dernière nuit. Son dernier voyage.

*

Le lendemain toute la famille est arrivée des quatre coins du Sénégal. Et c'est parti pour une semaine de cérémonies de deuil où les gens pleurent, parlent, mangent... et rigolent ! Je sais depuis longtemps que lorsque l'on meurt, la vie continue pour les autres. Et je trouve que c'est bien comme ça. Sinon, comment survivre dans un monde triste, sans bonheur ? On n'oublie pas, mais il faut apprendre à vivre avec la mort. Moi, j'ai pourtant du mal à y arriver et, trois jours après son décès, je souffre d'une ulcération car je n'arrive pas à admettre qu'il s'en est allé pour toujours.

Le vide qu'il laisse dans la maison et, plus encore, dans mon cœur, est horrible.

Ma triste vie me laisse indifférente, avec toutefois, par moments, des bouffées de colère dont j'ai bien l'impression qu'elles constituent alors une sorte de thérapie. Je suis en colère contre moi, ou plutôt contre la vie qui est la mienne depuis ma prime jeunesse. Je suis en colère contre Dieu : ne m'a t-il donné le jour que pour m'offrir une telle existence ?

Et voilà : tout le monde est parti, et je me retrouve dans cette maison avec ma demi-sœur, le gentil frère de mon père et mon père lui-même, mon bourreau de père.

Je me sens moins vulnérable, comme si le fait de savoir qu'il m'est désormais impossible de compter sur mon cher papy pour me prendre sous sa protection me donnait une force nouvelle. Mon père s'en rend-il compte ? J'ai bien l'impression que oui car voici qu'il semble décidé à me laisser en paix.

Mais ça ne peut pas durer. Quelques mois après la mort de mon papy, mon père me bat de nouveau. Je ne sais même plus ce qui a pu déclencher sa colère. Ce dont je me souviens, par contre, c'est ma révolte. Cette fois, je décide de ne plus me laisser faire. Je vais chercher une grand-tante, nièce de mon papy. Je la conduis devant mon père à qui j'ose enfin affirmer, sans tenter de calmer ma colère, que je ne resterai pas une minute de plus dans cette maison. Mon père est stupéfait, ne répond rien mais, l'instant de surprise passé, il me regarde avec un petit sourire de dédain au coin des lèvres.

Il me fait une drôle d'impression, ce sourire. Il est loin d'être gentil, c'est sûr, mais c'est un sourire de mon père. Un sourire pour moi. Je me dis alors, avec une infinie tristesse, que pour avoir droit à un sourire de mon père, après dix-huit ans de maltraitance, il a fallu que je me mette en colère contre lui.

*

Le lendemain, je pars à Dakar chez ma tante.

Je laisse derrière moi toute mon enfance. Ma vie tout simplement.

À Dakar, ma tante m'accueille bien. Elle me demande pourquoi je ne suis pas restée avec mon père. Je ne veux pas évoquer toutes les souffrances qu'il m'a fait subir, préférant arguer de ma difficulté à supporter le souvenir de mon papy, si présent, si vivace dans la grande maison de Kaolack.

Je suis bien, chez ma tante. Aussi bien que possible, mais tout de même malheureuse. Ma ville me manque. Mon fils aussi, dont je n'ai presque jamais de nouvelles. Et que dire de mon grand-père...

Mais je lutte contre la douleur. Je me bats. Ma tante et le reste de la famille trouvent que je suis un être gentil.

Je ne sais pas si je suis née gentille ou si j'ai appris à l'être. Je crois pouvoir dire que j'ai bon cœur. J'aime les gens. Je suis heureuse de les rencontrer. C'est sans doute pour cette raison que j'ai ce sourire.

La vie s'écoule paisiblement. J'aide ma tante à tenir sa maison. J'aime lire, mais je n'ai pas beaucoup de livres. J'aime regarder le journal télévisé : j'ai toujours espoir qu'on y évoque ma famille de cœur. J'aimerais tant parler d'eux avec quelqu'un qui les connaisse.

Un jour, au marché, je croise une voisine qui feuillette un magazine sur les pages duquel j'entrevois Caroline de Monaco en voiles noirs. Mon cœur a battu très fort, à tel point que je ne sais pas comment j'ai pu terminer mes courses. Je demande à cette voisine de me prêter le journal, où j'apprends que le mari de Caroline est décédé. Cela me rend très triste pour elle et ses enfants – je ne me doutais pas alors que je vivrais un jour la même chose avec mes trois enfants.

*

Si quelqu'un lit ces pages, il ou elle a le droit de me critiquer et de dire que je suis dingue. Mais je sais une chose : l'amour que je portais, et que je porte toujours, à la princesse Grace m'a permis de survivre, m'a rendue aussi heureuse que je pouvais l'être. Cet amour m'a permis de grandir sainement, m'a appris à aimer les gens, m'a donné cette sensibilité et cette force de vivre, de survivre aux coups de mon père et à tous les malheurs que j'ai eus depuis ma plus tendre enfance.

10

Le temps passe, j'ai maintenant 21 ans.

J'ai envie de tomber amoureuse. J'ai besoin d'aimer, de donner de l'amour, de fonder une vraie famille...

Je rêve d'un homme aux grands yeux bleus : celui dont j'ai croisé de temps à autre le visage dans les magazines lorsque j'y recherchais ceux de ma famille de cœur, celui que j'ai aimé dans *Black Mic Mac.*

Il arrive que ces visages se superposent jusqu'à se confondre. Et il me semble que j'ai fini par comprendre : au fil des ans, une certaine ressemblance entre eux m'était apparue. Je dois dire que, ayant ensuite fréquenté de près, avec Jacques, les plateaux de tournage, j'en ai assez appris pour être convaincue que, pour incarner le prince Rainier à l'écran, Jacques aurait été le comédien idéal. Il aurait suffi de le grimer un peu, son immense talent aurait fait le reste.

Lorsqu'il m'arrivait de parler cinéma avec les filles de mon âge, d'évoquer nos films et comédiens préférés, elles me disaient souvent : « L'acteur que tu aimes bien », à propos de Jacques Villeret. Forcément : en ce domaine, je ne parlais que de lui !

Elles ignoraient, tout comme moi, que le temps allait venir où l'on pourrait me dire à son propos : « L'homme que tu aimes, et qui t'aime. »

Mais avant d'en arriver là, il me faudrait subir une autre épreuve.

Deuxième partie

1

Kaolack, Saint-Louis : deux villes comparables en termes de population – elles comptent l'une et l'autre environ 600 000 habitants à cette époque, au milieu des années quatre-vingt... –, mais il s'agit bien de deux mondes différents. Je passe d'une cité provinciale, capitale régionale, certes, à une ville plus moderne, plus animée, courue par les touristes.

Je vis donc désormais à Saint-Louis, chez ma mère, avec mes nombreux demi-frères et demi-sœurs. Une existence de jeune fille sans histoires car, même si je suis déjà mère d'un petit garçon, celui-ci est provisoirement sorti de ma vie, comme je l'ai raconté.

Comme toutes les filles de mon âge qui ne poursuivent pas d'études, l'essentiel des journées est consacré aux travaux domestiques : ils ne manquent pas dans cette grande famille qui m'accueille désormais et où j'ai tout de même l'impression de n'être que de passage.

Bien sûr, je suis chez ma mère. Bien sûr, je l'aime beaucoup. Malgré tout, la longue séparation a laissé des traces et nous n'y pouvons rien, ni l'une ni l'autre. Et je crois que le sentiment qui nous lie relève davantage d'une affection, bien réelle, que d'un profond amour maternel et filial.

C'est la vie qui a voulu ça, nous n'y pouvons rien : faut faire avec...

Les années passées à Kaolack me reviennent souvent à l'esprit, en bouffées nostalgiques, malgré les durs moments que j'y ai vécus, malgré les coups de mon père, ces coups dont mon corps conservera à jamais des cicatrices. Et que dire de celles qui marquent mon âme ! Mais Kaolack, c'était avant tout mon grand-père, c'est mon enfance.

Ma nouvelle vie à Saint-Louis n'a rien changé, fondamentalement, dans ma relation si particulière avec ma famille de cœur. Mais il est certain que je fais moins appel à son aide, sans doute et tout simplement parce que je n'éprouve plus ce besoin viscéral d'appeler au secours qui m'a si souvent taraudée.

Si, à Kaolack, les loisirs étaient surtout consacrés au cinéma, ici la panoplie des possibilités offertes à une fille de mon âge est plus étendue. Des amies françaises avec qui il m'arrive d'évoquer ces années me disent :

– Tu as dû profiter de la mer et t'y baigner souvent !

Je les détrompe : au Sénégal, les filles ne vont pas à la plage ! C'est réservé aux garçons. C'est d'ailleurs pour cela que les Sénégalaises ne savent pas nager !

Mais nous avons, en particulier, la musique : il ne faut pas oublier que, si la ville de Saint Louis, en Louisiane, est considérée comme le berceau du jazz, son homonyme du Sénégal contribue aussi, haut et fort, au rayonnement de cette musique, en particulier grâce à son célèbre festival international qui se déroule chaque année au mois de mai.

C'est dans la chaleureuse ambiance de Saint-Louis du Sénégal que j'ai découvert bon nombre de musiciens. Je les écoute, aujourd'hui encore, avec toujours autant de plaisir : des gens comme Manu Dibango, par exemple. Et nos grandes vedettes nationales, Youssou N'Dour, Touré Kunda, et celui qui m'émeut tant lorsqu'il chante *Tajabone* : Ismaël Lo.

Je n'oublie pas non plus la musique et les chants traditionnels qui, eux, me bercent depuis toujours. Je pense particulièrement, en écrivant ces lignes, à une grande dame à qui notre folklore doit beaucoup, et dont les chansons traditionnelles suscitaient parfois les louanges de mon papy ! Elle s'appelle Yandé Codou Sène. Son répertoire est repris, chez nous, par les griots. Je n'oublie pas, par exemple, *Moon*[1], ce chant dédié à un Guelwâr des temps passés, et qui dit : « Pourquoi est-ce que la hyène est en route de jour pour attraper en chemin une poule qui ne peut même pas lancer un cocorico comme le coq pour prévenir les autres ? »

Je sais que pendant sa campagne électorale, Léopold Sédar Senghor a fait appel à Yandé Codou Sène pour qu'elle chante, accompagnée de

1. Ce chant figure, entre autres, sur le CD de Yandé Codou Sène et Youssou N'Dour, *Voice from the heart of Africa*, référence Word Network 58391.

son chœur et de ses tambours, juste avant qu'il ne prononce ses discours. On dit qu'elle seule avait le droit d'interrompre les discours de Senghor pour entonner spontanément un de ses légendaires chants de louanges. Elle participe encore aujourd'hui à toutes les cérémonies importantes et à la vie culturelle des Sérères, mon ethnie. Rien que d'y penser, j'entends sa voix qu'accompagnent les percussions, la kora, le violon riti [1] et la guitare xalam [2]. J'en tremble, j'en ai la chair de poule.

*

Le temps a passé. Alors que je vis à Saint-Louis, c'est au cours d'un séjour à Dakar, où je vais de temps à autre rendre visite à ma tante, que je rencontre Christophe, un *toubab* (un Blanc) qui est là en vacances avec tout un groupe de Français.

Christophe est originaire de Lille. Il a 20 ans, j'en ai 22. Nous sommes en 1989.

Je le revois, le soir de notre rencontre, fumant sa cigarette en silence, un peu à l'écart de son groupe. Je suis attirée par ce garçon à l'air calme, comme détaché de tout. Attirée par cette solitude qui émane de lui. Il est là et il n'est pas là. Et puis, je le trouve plutôt beau.

Nous parlons un peu : j'apprends qu'il vient de terminer des études d'histoire de l'art après s'être essayé au droit. Mais il abandonne cette discipline qu'il qualifie ce soir-là, je m'en souviens très bien, d'« études de merde ». Moi, je le verrais bien professeur, instituteur : quand il explique quelque chose, c'est clair et net. Plus tard, il a choisi un métier qui, je crois, ne lui convenait pas : conseiller financier au sein d'un groupe d'assurances.

Nous nous revoyons, nous attachant progressivement l'un à l'autre. Il vient parfois au Sénégal et j'effectue, de mon côté, quelques voyages en France. Cela dure plusieurs années car c'est seulement en 1993 que nous décidons de nous marier : c'est le 17 avril. Je suis alors enceinte de sept mois et je m'installe à Lille, où je suis chaleureusement accueillie par la famille de Christophe, et où j'accouche, en octobre, de Marine, la première de nos deux filles.

---

1. Violon traditionnel.
2. Guitare traditionnelle.

2

En France, je ne souhaitais pas demeurer une femme au foyer. J'avais envie d'accéder à une profession, besoin de m'intégrer au mieux dans la vie courante. Mais – on se souviendra de mes pauvres petites études ! – je ne disposais d'aucun diplôme.

En réfléchissant, j'en étais arrivée à la conclusion suivante : en France, de plus en plus de personnes âgées prennent le chemin des maisons de retraite. Cette observation avait d'abord constitué une vraie surprise pour moi qui venait d'un pays où les vieux finissent leurs jours dans leur famille, entourés des leurs. De la même manière, les enfants sont souvent confiés à des crèches. Cela aussi, si contraire à nos traditions africaines, m'avait beaucoup étonnée. J'en avais vite compris les raisons, et j'avais estimé que ces façons de vivre et de s'organiser ne pourraient que s'accentuer, compte tenu des contraintes de la vie professionnelle auxquelles étaient souvent confrontés maris et femmes. « Voilà ce que je dois faire ! » me suis-je alors dit : travailler auprès des personnes âgées ou des tout-petits. Cette évidence n'en était que plus criante, pour moi qui aime beaucoup m'occuper des très jeunes comme des très vieux : je pense que ce sont les premières personnes à qui l'on doit accorder amour et attention.

Je me suis donc lancée dans une formation qui m'a beaucoup plu et dont je suis heureuse de pouvoir dire que je l'ai réussie avec brio : au bout de six mois, tout en perfectionnant ma pratique de la langue française, j'ai obtenu mon agrément d'assistante maternelle et j'ai commencé à garder des enfants, d'abord à la crèche puis chez moi, ce qui me permettait donc aussi de m'occuper de ma petite famille et de ma maison. J'étais très fière de gagner mon argent et de participer ainsi aux frais du ménage... et même d'aider mes parents restés au Sénégal.

Oui, cette activité m'a donné de grandes satisfactions et je l'ai pratiquée durant quatre années, parmi les meilleures que j'ai passées en France.

Même si, par définition, ce métier se pratiquait à la maison, j'avais beaucoup de contact avec les gens, en particulier avec d'autres femmes qui sont vite devenues de bonnes copines, avec lesquelles je n'ai jamais rompu le contact, que j'appelle encore aujourd'hui, auxquelles je n'oublie pas de souhaiter leur anniversaire, etc.

Je suis assez fière, je peux l'avouer, d'avoir choisi cette voie car on m'en a proposé une autre, à plusieurs reprises, qui aurait peut-être été plus facile : on me trouvait jolie et j'étais sollicitée par des photographes qui me demandaient de poser pour eux. Qui sait ? j'aurais peut-être pu devenir modèle, voire mannequin. Mais ce n'était pas mon truc, tout simplement.

*

C'est l'époque durant laquelle ma vie se poursuit plus ou moins tranquillement avec des hauts et des bas. Les bas relevant de la santé de mon mari dont le caractère montre souvent un état que je ne sais pas encore appeler par son nom. Cela viendra, hélas ! lorsque la dépression sera là, notoire. Mais pour le moment, je suis heureuse car Christophe a souhaité, avec moi, que mon fils Honda vienne vivre avec nous, à Lille. Son père a dit oui : nous voilà enfin réunis.

Ma fille Marine a 5 ans. Le désir d'un nouvel enfant se fait de plus en plus sentir. Mais mon mari ne va décidément pas très bien et, d'un commun accord, nous remettons ce projet. Il faut croire que l'envie était trop forte : me voilà à nouveau enceinte. J'apprends bientôt que ce sera une fille.

Je voulais l'appeler Grace ou Kelly, mais n'ai pas osé le dire à mon mari. Lui m'a proposé de l'appeler Margaux, et c'est ainsi qu'elle se prénomme.

Quelques mois après sa naissance, j'ai avoué à Christophe mon souhait intime pour les deux prénoms en rapport avec ma mère de cœur dont il connaissait l'importance pour moi sans vraisemblablement en mesurer la véritable ampleur. Pauvre Christophe, si gentil... Il m'a alors répondu :

– Kelly ? Grace ? Mais tu aurais dû me le dire : ce sont de très jolis prénoms !

Depuis que ma vie avait pris un cours normal, mais sans doute aussi parce que j'étais devenue adulte, ma relation si particulière avec ma famille de cœur s'était estompée. Oh, je ne veux pas dire qu'elle avait fondamentalement perdu son importance, elle était ancrée si fort en moi ! Il ne s'agissait pas d'une lubie de petite fille, mais d'un amour profond, véritable. Inexplicable sans doute, mais qui peut expliquer l'amour ?

Plus prosaïquement, cet amour avait maintenant atteint le stade où la sérénité l'emportait sur le besoin vital d'appeler au secours et de confier ma détresse.

Christophe connaissait toute l'histoire de mon rapport à la famille princière. Pour autant, il me paraissait impensable qu'il pût en deviner toute l'importance. Et pourtant, à l'occasion de notre cinquième anniversaire de mariage, il m'avait proposé de m'emmener à Monaco, ce que j'avais refusé.

Pourquoi ? Je ne sais pas très bien. Lorsque j'essaie de trouver une réponse, avec le recul que donne le temps passé, je me dis que personne – en dehors de mon papy – ne pouvait vraiment comprendre mon amour pour Grace Kelly et sa famille, et que le fait de me rendre en touriste à la principauté ne m'apporterait non seulement rien, mais risquerait surtout de me faire souffrir : être tout près d'eux sans vraiment pouvoir les approcher serait trop douloureux.

Pourtant, d'un autre côté, j'aurais souhaité pouvoir me recueillir sur la tombe de ma mère de cœur et y déposer un énorme bouquet de roses blanches. Mais, finalement, je persistais dans mon refus.

Il n'empêche : à chaque fois que je voyais la famille princière dans un magazine, je ne pouvais m'empêcher de l'acheter. Et si on annonçait un mariage ou la naissance d'un nouvel enfant les concernant, cela me faisait plaisir. À l'inverse, un événement malheureux les touchant me rendait terriblement triste.

Mais tous ces sentiments, je les gardais pour moi seule, ou presque : rares étaient ceux ou celles à qui j'avais confié mon histoire.

*

Un jour, une de mes amies était passée à la maison et nous bavardions tranquillement en compagnie de mon mari. Je ne sais plus pour quelle raison, mais, me sentant certainement en confiance, je me suis mise à parler longuement de mon enfance. Je leur ai raconté ma famille de cœur, ce jour où j'avais découvert cette photo de famille magnifique...

Une semaine après, mon amie est arrivée avec l'adresse du rocher de Monaco en me disant d'écrire.

– Pourquoi ?

– Dis-leur ce que tu nous as raconté. Il faut qu'ils sachent que grâce à l'image qu'ils donnent d'une famille idéale, ils ont aidé un enfant à grandir avec amour.

– Une lettre n'y suffirait pas ! Il faudrait un livre !

Avec le recul, je pense que c'est sans doute ce jour-là que j'ai commencé à ressentir le besoin de raconter mes souvenirs en les écrivant sur du papier. Je sais que j'en ai gribouillé pas mal, par bribes maladroites. J'ai perdu des pages, j'en ai jeté. C'est seulement peu de temps avant de rencontrer Jacques que cette écriture a pris une réelle importance pour moi et je m'y suis vraiment adonnée quand nous vivions ensemble car il ne cessait de m'y encourager. Je le revois encore me répéter :

– Écris, Seny. Écris !

J'en reviens à Martine, à l'adresse qu'elle m'a donnée.

Je me suis mise à écrire à la princesse Stéphanie. J'ai du mal à lui donner ce nom car je l'ai toujours appelée ma copine. J'ai rédigé, à son intention, une lettre de quatre pages. Mon mari m'encourageait, tout en demeurant sceptique quant à la probabilité de voir cette lettre parvenir à sa destinataire. Mais il me disait :

– Tu dois essayer. Va savoir, avec un peu de chance, ta lettre arrivera dans les mains d'une secrétaire compréhensive. Peut-être alors auras-tu une réponse...

Mais moi, je n'envisageais pas d'intermédiaire : je ne voulais pas qu'une secrétaire me réponde à la place de la princesse Stéphanie. Du coup, consciente de l'impossibilité que ma démarche aboutisse, j'ai décidé que, tant pis, je ne posterais pas cette lettre.

Quelques jours plus tard, mon mari est arrivée, tout guilleret :

– Surprise ! m'a-t-il en me tendant une enveloppe.

Intriguée, je me suis emparée de ce courrier. J'étais stupéfaite en découvrant que l'enveloppe portait la mention « Principauté de Monaco ».

Je n'y comprenais rien du tout. Par quel miracle la famille de Monaco m'écrivait-elle sans me connaître ?

Mon mari m'a alors appris qu'il avait posté ma lettre.

– C'est la réponse, me dit-il, ouvre-la...

Complètement bouleversée, j'ai refusé de l'ouvrir devant lui ct couru m'enfermer dans la chambre. Et là, je l'ai lue. Oh ! ce fut vite fait car la réponse était très courte mais touchante. Elle me suffisait.

Je me suis retrouvée quelques années en arrière. Et me voici en train de pleurer sur mon enfance, mon papy, ma mère de cœur.

*

Je me souviens qu'après le décès de la princesse Grace je voulais qu'une fée vienne me voir pour me dire de faire un seul vœu. Et sans hésiter, je l'aurais implorée de faire revivre ma mère de cœur.

Nous sommes en 2005 et beaucoup de choses se sont déroulées dans ma vie. J'ai perdu des gens que j'aimais beaucoup. Il me faudrait, c'est certain, plusieurs fées pour les ressusciter... Mon extraordinaire papy. Ma mère de cœur, afin qu'elle puisse voir ses magnifiques petits-enfants. Christophe, le père de mes enfants. Mon père, pour qu'enfin il m'aime comme un père doit aimer sa fille. Et Jacques, mon Jacques, non seulement pour moi, mais aussi afin qu'il puisse donner, encore et encore, du plaisir aux milliers de gens qui l'aiment.

*

Chaque année, depuis que je suis arrivée en France, je me rends au Sénégal pour visiter mes parents : ma mère, à Saint-Louis, et mon père, qui terminera ses jours comme je l'ai raconté, à Kaolack, dans la grande maison de famille.

Jusqu'à sa mort, chaque fois que je me retrouve dans l'avion, je me dis que je vais prendre mon père dans mes bras et le serrer très fort, et lui dire que je l'aime, que je l'ai toujours aimé même quand il me battait. Quand j'arrive devant lui, je me contente de me prosterner pour lui dire bonjour.... Se courber devant ses parents pour les saluer est un signe de respect. Mais je ne reçois aucun signe d'amour en retour. Et voilà à quoi se limite ma démonstration : un signe de respect. Alors, je me dis que le signe d'amour, ce sera peut-être pour la prochaine fois. Mais cela n'arrivera jamais.

Ma mère, par contre – et heureusement ! –, me prend dans ses bras et m'embrasse très fort. Et moi, à chaque fois, je ne peux m'empêcher de fermer les yeux et de penser très fort à l'autre, ma mère de cœur.

3

Mon mari était un homme très gentil, très sensible, sans doute trop.

Il s'est donné la mort. Je respecte son courage et sa décision car il a souffert des années entières et ne souhaitait qu'une chose : ne pas nous rendre malheureux. Mais il se savait pris au piège car il me disait :

– Si je vis, je vous rendrai malheureux, et si je pars, vous serez malheureux aussi.

C'est deux ans après la naissance de Marine, notre première fille, que j'ai découvert sa maladie : un mal de vivre qui le poussait à vouloir quitter ce monde. Ce monde qui le rendait malheureux, malgré tout l'amour que lui donnaient ses parents, moi et ses enfants...

C'est vrai qu'il avait toujours été très aimé de ses parents. Trop, peut-être. Aimer trop, couver trop, c'est dangereux. Chez nous, au Sénégal, on dit : « Tu prends un lionceau, tu le couves. Si tu le lâches ensuite, dans la nature, il meurt de faim. »

J'avoue qu'il a eu beaucoup de courage et d'amour pour rester en vie. Il a en effet beaucoup souffert. Parfois c'était tellement dur que j'avais envie de me sauver avec mes enfants. Un an avant son décès, je demandais de l'aide. Mais qui pouvait l'aider ?

Avant la naissance de Margaux, notre seconde fille, je m'étais réfugiée chez un couple d'amis de mon mari. Ils le connaissaient très bien. Je leur avais fait part de mon désarroi. Je ne comprenais rien à rien. Ils ont tenté de me rassurer, sans pouvoir rien me dire que je ne sache déjà.

Le lendemain, mon mari est venu me rejoindre pour qu'on parle. Il m'a expliqué que son souhait le plus profond, son idée, son besoin, c'était de partir, sac au dos, parcourir le monde. Être sans attaches, c'était le rêve de sa vie.

Je lui ai demandé s'il avait pensé à ses parents. Il m'a répondu que oui, mais que partir était vital pour lui et qu'il n'avait pas prévu qu'il tomberait amoureux de moi.

Je lui ai demandé aussi s'il allait me faire payer cher notre vie de couple et le fait d'être tombé amoureux de moi. Je lui ai dit que s'il désirait toujours s'en aller, il n'était pas trop tard. Il n'est jamais trop tard. Il m'a répondu en pleurant qu'il avait femme et enfants et qu'il désirait avant tout rester avec eux. Il a ajouté :

– Sans vous et mes parents, depuis longtemps, je me serais flingué.

Il m'a prise dans ses bras et nous avons pleuré comme des madeleines. Il pleurait son mal de vivre, et moi, je pleurais mon impuissance à l'aider à aimer la vie. Je lui ai proposé de se faire aider et il a dit oui, mais ce n'était que velléité.

Notre vie de couple a continué avec des hauts et des bas. Parfois j'y croyais, parfois non. Certains me disaient de le quitter. Mais comment quitter son mari que l'on aime toujours, le père de ses filles ? Et je n'ai pas de raisons de lui en vouloir. C'est la maladie, cette maudite dépression chronique, la responsable.

*

Quelques mois avant sa mort, un matin, son directeur, qui me connaissait, appelle à la maison. Il veut parler à mon mari. Je lui dis qu'il est au bureau. Il me répond :

– Ah, bien, il a donc trouvé du travail ?

– Comment ça ? Il travaille chez vous !

– Mais non, voilà une semaine qu'il a démissionné.

Comme je ne répondais pas, il a bien compris que je ne savais rien. Il s'est excusé :

– Je suis désolé de vous apprendre cette nouvelle.

Le soir, mon mari est rentré comme d'habitude. Je lui ai demandé des explications :

– Cela fait une semaine que tu ne travailles plus et tu ne m'as rien dit...

–Je ne voulais pas que tu t'inquiètes. J'ai trouvé du boulot dans une autre société et je commence dans quinze jours.

J'étais soulagée, mais profondément inquiète, et triste pour lui.

*

Une semaine avant sa mort, il m'invite au restaurant. Il me fixe intensément. Je lui demande ce que signifie ce regard. Il sourit et me dit :

–Je suis fier d'avoir une femme comme toi. Je ferais tout pour que tu sois heureuse.

Je sais qu'il le pense vraiment. Mais je suis tout de même inquiète : il faut que sa foutue maladie l'oublie un peu. Qu'il trouve enfin la joie de vivre.

*

Quelques jours plus tard, un samedi après-midi, tout va mal et on l'hospitalise à 9 heures du soir. Ses parents et moi sommes très inquiets, mais on se rassure en se disant qu'il est entre de bonnes mains.

Je reste à la maison avec ma petite Margaux, qui n'est alors qu'un bébé, et mon grand garçon. Marine, qui a 6 ans et demi, est en vacances chez les parents de Christophe.

Le lendemain, dimanche, je me rends à l'hôpital vers midi, afin de lui porter quelques affaires. À ma grande surprise, on me dit que je ne peux pas le voir et que je dois attendre le lundi matin pour lui rendre visite. On me tranquillise quand même en me disant qu'il va bien.

Je rentre à la maison, relativement rassurée. Ses parents téléphonent à plusieurs reprises à l'hôpital pour avoir de ses nouvelles. On leur répond toujours la même chose : tout va bien.

L'après-midi de ce 22 avril 2003, je me sens toute bizarre. Je tremble sans avoir froid. Je n'arrive même pas à boire de l'eau. Le bébé ne dort pas. Vers 21 h 30 le téléphone sonne. Je décroche. Je me souviens, mot pour mot, de la courte conversation qui a suivi :

– Vous êtes bien madame C. ?

– Oui...

– J'ai une mauvaise nouvelle à vous annoncer. Votre mari vient de se pendre. On l'a trouvé dans sa chambre. On a tout fait pour le sauver. En vain.

– Vous rigolez, j'espère.

– Madame, croyez-vous que l'on puisse rigoler avec cela ? Je suis désolé.

On me demande de venir à l'hôpital. Je pense à ses parents. Je demande à l'infirmier s'ils sont déjà prévenus. Il me répond par la négative. Je lui demande de ne pas les appeler. Il faut d'abord que je prévienne le frère de mon beau-père pour qu'il soit présent quand il faudra annoncer l'horrible nouvelle aux parents. Je ne parviens pas à composer le numéro de téléphone. Je tremble, je pleure, le monde s'écroule sur ma tête. Je pense à mon bébé, à mes enfants. Que vais-je leur dire ? Je deviens un vrai robot, un robot qui souffre au fond de lui-même. Je ne sais que pleurer. Je me sens seule, très seule. Mon mari, l'homme que j'aime, celui qui m'a emmenée en France, vient de mourir.

Bien sûr, il y a aussi ses parents et leur douleur immense. Ils viennent de perdre leur seul et unique enfant. Ils sont anéantis. Ce qui nous est arrivé ce soir-là, si j'avais un ennemi sur terre, je ne lui en souhaiterais pas le quart.

Mon bébé pleure. Sait-il ce qui se passe ? Mon grand fils s'est réfugié au second étage, dans sa chambre. Je pense à Marine, ma fille de 6 ans et demi, qui est absente. Comment lui annoncer ce qui s'est passé ? Le lendemain, un ami de mon mari m'accompagne pour aller la rechercher. Il me conseille de lui dire la vérité.

Je ne peux dire sans ménagement à ma fille que son père, qui l'adore plus que tout au monde, a décidé de partir en nous laissant seules... Je l'emmène dans un jardin public. Je lui dis :

– Tu sais, Marine, je t'avais dit que papa était à l'hôpital car il avait très mal à la tête.

– Oui, c'est parce qu'il fume trop, me répond Marine. Je lui avais dit de mettre des patchs.

– Tu avais raison, ma chérie... Les médecins ont tout fait pour le soigner, mais ils n'y sont pas arrivés.

Marine demeure quelques secondes silencieuse, puis, d'une toute petite voix, elle me dit :

– Il est mort, n'est-ce pas ?

Je lui demande si elle sait ce que mourir signifie. Et où vont les morts... Elle me répond :

– On les habille, on les met dans des caisses puis dans des trous. Et c'est fini : on ne les revoit plus jamais.

– C'est ça, ma chérie. C'est-à-dire qu'on ne verra plus papa, mais il restera pour toujours dans nos cœurs et dans nos têtes.

– Je veux aller à l'église, ajoute-t-elle, mais pas au cimetière.

4

Après l'enterrement, les jours, les semaines, les mois passent.

La maison est morte.

Je suis malheureuse. Mes enfants sont tristes. Rien ne vit dans notre famille amputée. On s'occupe des choses courantes, comme des robots. Mais, contrairement aux robots, nous souffrons.

Un soir, je suis devant la télé avec les enfants. Nous avons pris l'habitude de cette sorte de dérivatif : des images et des sons qui ne retiennent pas notre attention mais constituent une apparence de vie, cette vie de laquelle nous sommes profondément détachés. Au programme : *Le Dîner de cons.*

Il me revient alors un souvenir troublant : un jour, mon mari m'avait dit :

– Tu sais, l'acteur que tu aimes bien joue dans un film très drôle. Je t'emmènerai le voir.

C'était *Le Dîner de cons.* Nous n'avions pas pu y aller, je ne sais plus pour quelle raison.

Ce soir-là, je décide donc de regarder le film à la télévision. Et là, nous nous surprenons à rire, rire : c'est une sorte de vraie renaissance. Même le bébé rigole !

*

Après le film, je monte coucher les enfants, et je vais au lit. Je ne parviens pas à chasser l'image de Jacques de ma tête. Je pense aux premières photos que j'ai vues dans les journaux au Sénégal. Je me remémore *Black Mic Mac.* Je me souviens comment son visage s'est progressivement associé aux images de ma famille de cœur. Et je me dis qu'il représentait alors pour moi le prince charmant. Mon prince charmant *toubab* !

Je vois le visage de Jacques, ses boucles brunes, et je me noie dans ses immenses yeux bleus.

Impossible de m'endormir. Je me lève et prends de quoi écrire. Je rédige une lettre dans laquelle je dis à peu près ceci :

« Bonjour, monsieur Villeret.

Voilà quelque temps, le malheur a frappé notre famille et depuis nous étions très tristes. Jusqu'à hier soir, quand on a regardé votre film *Le Dîner de cons.* Alors, nous avons ri de bon cœur. Merci de nous avoir rendu le sourire. Je sais que vous êtes un homme bien : ça se voit sur votre visage. Et vos beaux yeux dégagent beaucoup de gentillesse. Je sais que vous avez beaucoup de travail, mais je voudrais vous rencontrer dès que vous pourrez. Merci.

Seny, la princesse. »

Le matin je me lève, je prépare les enfants et je les emmène à l'école. Je rentre à la maison. Je me sens seule. Je suis toute seule. Je pleure. Je pense à ma vie, à ma triste vie. Je prends la lettre que j'ai écrite à Jacques. Je la lis et la relis, et je me demande : « Va-t-il la recevoir ? »

C'est Martine, que j'appelle ma belle-sœur – elle a épousé un cousin –, qui m'a trouvé l'adresse de Jacques. J'ai posté la lettre, attendant avec impatience la réponse, mais sans y croire vraiment. J'ai su par la suite qu'elle ne lui était jamais parvenue mais, après notre rencontre, je lui en ai donné le brouillon.

*

Ce qui s'est passé après avoir vu *Le Dîner de cons* est bizarre. Chaque soir, après avoir couché mes enfants, je regagne ma chambre et je pleure. Je pense, je pleure encore, je revois sans cesse l'image de Jacques. J'ai l'impression qu'elle vient à mon aide, qu'elle se bagarre contre ma tristesse.

Avant d'avoir vu ce film, toutes mes pensées étaient concentrées, encore et toujours, sur la mort de mon mari, sur l'enterrement. Ce n'était que nuit et mort.

Maintenant, petit à petit, l'image de Jacques s'impose à mon esprit convalescent.

Je veux voir cet homme, je veux le rencontrer.

Je sais que je le rencontrerai.

Troisième partie

Le talentueux Jean-Marc Haedrich de l'agence Visual a su immortaliser notre grand bonheur. Jacques avait fait agrandir cette photo pour son bureau. C'est une de mes préférées.
(Photo : remerciements à l'hôtel de Vendome, © 2004, Jean-Marc Haedrich / Visual Press Agency.)

Mon grand père paternel.
C'était un immense personnage, dans tous les sens du terme. Grand par sa taille, par son coeur et son humanité.
(Collection Seny)

Voici ma vraie mamy, la mère de mon père. Elle s'occupait bien de moi, avec affection, mais j'ai tout de même toujours su que sa préférée était ma demi-soeur. Mais comme j'étais la « chouchou » de mon papy, rien à ajouter.
(Collection Seny)

Margaux, l'une de mes filles, ici sur le tournage de *Malabar Princess,* a vite fait de conquérir Jacques.
Elle l'appelait « tonton Jacques ».
Rien n'était trop beau pour elle.
(Collection Seny)

Jacques est un peu souffrant. Marine, la grande soeur de Margaux, soutient son « tonton Jacques ». J'ai pris cette photo dans la propriété de Bernay en Normandie.
(Collection Seny)

« Et tout pour la tripe ! » disait souvent Jacques pour s'amuser, en citant Rabelais avant de passer à table. Le voici dégustant quelques plats marocains. J'ai pris la photo lors d'un petit séjour à Marrakech.
(Collection Seny)

Jacques pouvait s'endormir à n'importe quel moment de la journée. Il appelait cela « recharger les accus ». Le voici sur le tournage d'*Iznogoud* de Patrick Braoudé, sous l'œil approbateur du directeur de production.
(Collection Seny)

Après le réconfort, l'effort : en football comme en basket-ball, Jacques a toujours tenu sa place avec brio. On ne compte plus les matches de gala où il s'illustra avec l'équipe Cinéquanon des artistes, qui fut huit fois championne de Paris. On reconnait sur cette photo, au premier rang de gauche à droite : Aimable (l'accordéoniste), Bruno Pradal, J. Valmont, A. Rivaton, André Dussolier. Au second rang : Jacques, Gilles Durieux, Elie Chouraqui, Jackie Chazalon (capitaine du *team* tricolore), J.-P. Besson, Patrice Mélenec, Gilles Kholer. (Collection Gilles Durieux)

Tournage d'*Iznogoud*, film de Patrick Braoudé, dans lequel Jacques campe le débonnaire calife Haroun el-Poussah. Le scénario est tiré de la célèbre bande dessinée du même nom de René Goscinny (également l'auteur d'*Astérix*), véritable parodie des *Mille et Une Nuits.*
(Collection Seny)

Répétitions sur le tournage d'*Iznogoud*. Jacques se donne à 200 % dans ce rôle écrit sur mesure pour lui par Patrick Braoudé.
(Collection Seny)

Quelques moments de détente avant d'attaquer le tournage, souvent éreintant, d'*Iznogoud*. Il m'appelait déjà « bébé noir », et je répondais à son « bébé blanc ».
(Collection Seny)

Jacques est fait chevalier de la Légion d'honneur. Réception au ministère de la Culture. Jean Becker est lui aussi récompensé. Les vrais amis sont là. On reconnaît sur la photo, de gauche à droite : Serge Rousseau (l'agent de Jacques), Gilles Durieux, Jacques et moi-même. (Collection Gilles Durieux)

Grand moment de recueillement et de fête dans la nouvelle maison de Jacques à Bernay. Nous venons de nous marier religieusement, selon le rite musulman.

Les amis avaient apporté des cadeaux et toute leur affection. (Collection Seny)

Jacques s'en est allé : Il me reste les souvenirs, des papiers glacés, des piles de journaux qui ne tarderont pas à jaunir.

Photo : remerciements à l'hôtel de Vendome, © 2004, Jean-Marc Haedrich / Visual Press Agency.

1

Je viendrai,
Toute fervente et frémissante de ma longue attente[1].

Un jour d'avril 2002, Éric, un ami de la famille, passe me voir à la maison. Éric ne m'a jamais laissé tomber depuis la mort de Christophe. Son fidèle soutien n'a jamais failli. Ce jour-là, il est venu pour une raison bien précise :

– Tu sais, l'acteur que tu aimes bien joue au théâtre Sébastopol... Je t'offre un billet. Va le voir, ça te fera le plus grand bien de sortir....

Je n'ai pas oublié la vraie bouffée de bonheur que m'avait apportée *Le Dîner de cons*, lorsque, au plus profond de ma détresse, j'avais vu ce film à la télé. J'accepte, bien sûr. Et avec enthousiasme !

Je range le précieux billet dans mon sac à main. Si j'écris qu'il ne se passe pas une heure sans que je vérifie qu'il est toujours là, j'exagère à peine. Le nom de la pièce, *Jeffrey Bernard est souffrant*, me devient aussi familier que les prénoms de mes enfants.

Je ne sais rien du théâtre, mais brûle d'impatience. Huit jours à attendre... C'est long. Cette semaine, je la passe dans une sorte d'état second, impatience et appréhension mêlées. Je ne dors plus. Je me sens toute bizarre. Au fond de moi, sans pouvoir l'expliquer, je sens – je sais – qu'il va se passer quelque chose.

Et les jours s'écoulent lentement. Le soir du spectacle, je me fais belle, comme si je me rendais à mon premier rendez-vous amoureux...

1. Léopold Sédar Senghor, «Je viendrai», in *Poèmes perdus, Œuvre poétique*, Le Seuil, 1990.

Je choisis un tailleur-pantalon noir à rayures blanches. Jacques me dira plus tard qu'il adorait cet ensemble. Il voulait souvent que je le porte. Mais nous n'en sommes pas là...

Éric m'a promis de me conduire au théâtre. Lorsqu'il me voit, il ne peut s'empêcher de s'exclamer :

– Wouah ! Quelle beauté !

Sur le chemin, il me parle de Jacques Villeret :

– Tu sais qu'il est marié ?

Je lui réponds, presque agressive :

– Non, il n'est plus marié, il est divorcé.

– Ah bon ? Quoi qu'il en soit, il vit avec une autre femme.

– Je m'en fous !

En repensant à ce dialogue, je me dis que j'allais non seulement voir cette pièce de théâtre, mais surtout, et avec une évidence que je tenais de je ne sais quoi, que j'y allais pour rencontrer Jacques et que cela n'aurait rien d'anodin. Pressentiment, intuition, prescience, je n'explique rien. Au fond de moi, je savais. C'est tout.

Nous arrivons au théâtre, Éric s'adresse à un monsieur qui doit être agent de sécurité :

– C'est ma sœur... Elle voudrait se faire prendre en photo avec Jacques Villeret...

– Pas maintenant : il entre en scène dans dix minutes... Après la représentation, on verra.

Éric me souhaite une bonne soirée et me laisse. Je pénètre dans la salle déjà bien remplie. C'est la première fois que je vais au théâtre, je n'ai aucune idée de la façon dont ça se passe et me dirige vers l'avant de la salle. Voyons... Ici, un fauteuil au milieu du deuxième rang, ce sera parfait. Je verrai très bien Jacques et je suis certaine que lui aussi me remarquera : après tout, j'ai bien l'impression d'être la seule Black dans le public, il ne pourra pas me rater !

Évidemment, à peine installée, une dame vient me dire que c'est sa place. Naïvement, je me décale vers le fauteuil voisin qui, par chance, est libre. Il ne faudra pas une minute pour qu'un autre spectateur vienne à son tour réclamer la place que j'occupe. Je comprends alors que les places sont toutes numérotées... Je trouve finalement la mienne. Les lumières s'éteignent. Bientôt, la voix de Jacques m'envahit tout entière.

Je le cherche et je le vois allongé sous une table. Voilà le début de la représentation de *Jeffrey Bernard est souffrant.* Quand il se met debout, je peux enfin le découvrir en entier. Je suis surprise, le trouvant bien moins rondouillard que l'image que j'avais de lui. Sa voix, si douce, me charme littéralement.

Tout au long de la représentation, je suis transportée par des vagues d'émotion. La magie du théâtre opère. L'histoire de ce Jeffrey me touche à un point incroyable.

Plus tard, Jacques m'en parlera longuement, me racontant qu'ayant eu connaissance des critiques élogieuses qui encensaient cette pièce de Keith Waterhouse, créée à Londres par Peter O'Toole, il était allé la voir là-bas et avait été séduit au point de se lancer dans l'aventure sous la direction de Jean-Michel Ribes. Jacques admirait Peter O'Toole, j'ai envie de dire « comme tout le monde ». De plus, et particulièrement à cette époque, à l'instar du célèbre comédien britannique, il buvait beaucoup. Or l'histoire du personnage baigne dans l'alcool : Jeffrey est un journaliste qui boit énormément. Après s'être endormi dans les toilettes d'un pub, il s'y retrouve, seul, enfermé pour la nuit. La pièce nous le montre, dressant le bilan de son existence, tout en consommant sans modération vodkas et autres bloody mary. Et, si les répliques sonnent si juste, m'a expliqué Jacques, c'est peut-être parce que Keith Waterhouse, l'auteur, est lui aussi un adepte de la bouteille.

Ce Jeffrey, dans son état et sa situation, entouré de personnages étonnants, qui dit tout haut ce qu'on ose à peine penser tout bas, tout cela me bouleverse. Il est des moments où le personnage me fait venir des larmes. Une seconde après, je ris de bon cœur. Je le regarde jouer avec passion : chaque geste, chaque mot, me remplit de bonheur.

La représentation se termine. Les gens applaudissent à tout rompre. Le grand rideau rouge se referme. Je m'apprête à me lever pour sortir. Le rideau s'ouvre à nouveau. Les gens applaudissent de plus belle. Et ça recommence, ça recommence encore et encore. Je découvre les rappels. Ah ! Ça doit se voir que c'est la première fois que je mets les pieds dans un théâtre !

Quelle expérience ! Chaque seconde, chaque minute passée là à regarder un tel comédien, dans un tel spectacle, n'est que pur bonheur, plaisir intense. Je sais que j'ai toujours aimé cette personne, mais c'est un peu comme vénérer une image, une icône. Là, dans ce théâtre de Lille, j'ai la certitude que je l'aime comme une femme peut aimer un homme.

Sans me poser de questions, je n'ai qu'une idée : il faut que je trouve le moyen de le rencontrer, ce soir, tout de suite. Il est indispensable que je le voie pour, les yeux dans les yeux, lui poser une question :

– Ai-je le droit de t'aimer ?

Cette fois, le rideau est définitivement fermé. Je cours voir le chef de la sécurité (enfin, je suppose), qui me dit son impuissance à me présenter Jacques. Il me conseille de me rendre à la sortie des artistes. Là, peut-être pourrai-je le rencontrer.

Je cours comme une folle, ne vois personne. Je me dis alors, tout bêtement : « Merde ! Il s'est déjà envolé. » Comme j'étais déçue ! Pis qu'un enfant, le matin de Noël, qui ne trouve pas un seul cadeau au pied du sapin.

Soudain, je vois une porte un peu plus loin : « sortie des artistes ». Il n'y a pas à hésiter. Je la pousse. Miracle ! elle s'ouvre et je me trouve devant deux pompiers. Je leur dis bonsoir et leur explique que je suis là pour voir Jacques Villeret.

Ils me répondent que c'est impossible : ils n'ont pas le droit de faire entrer les gens. J'insiste et leur explique, ce qui fera beaucoup rire Jacques par la suite :

– J'arrive tout droit du Sénégal pour le rencontrer. Ce n'est pas possible que vous m'interdisiez l'entrée. Je viens de si loin...

Je suppose que cet argument n'aurait rien changé, mais les quelques instants passés à tenter de convaincre les pompiers auront permis un coup de pouce du destin car, à ce moment, un des acteurs qui jouaient dans la pièce nous croise et, entendant ma supplique, intervient :

– Allez, laissez-la entrer. Une si belle femme venant en droite ligne du Sénégal pour rencontrer Jacques Villeret...

Je demande au gentil comédien de signer mon programme. Il s'exécute avec le sourire.

– Monte au deuxième étage, me dit-il, la loge de Jacques est juste en face. Son nom est sur la porte.

À chaque pas qui me rapproche de Jacques, la sensation qui est mienne est tellement forte et intense que je suis bien incapable de la décrire. Des moments pareils, je souhaite à tout le monde de les vivre.

J'arrive à la loge de Jacques. Devant la porte se tient un homme de haute taille. Un Black, comme moi : c'est bon signe !

– Bonsoir monsieur, je viens voir Jacques Villeret...

– Attendez là...

Mon cœur bat très fort et, dans ma tête, c'est un tumulte de certitudes contradictoires. Il ne va pas me recevoir, c'est sûr. Mais si, je le verrai dans une seconde ! Mais non, je suis folle d'être venue jusqu'ici. Mon Dieu, faites quelque chose pour moi...

Mais il semble bien que Dieu, encore une fois, ne veuille pas m'entendre car un couple passe devant moi et entre dans la loge de Jacques. Sans doute des journalistes. Je reste là, désemparée. À ce moment, une belle et grande blonde sort de la loge voisine. C'est Virginie Pradal, comédienne de la pièce.

Elle me regarde en souriant et me dit :

– Vous êtes très jolie...

Je m'avance vers elle en la remerciant.

– Pouvez-vous me signer mon programme ?

– Bien sûr...

Je lui dis que je viens du Sénégal pour voir Jacques Villeret.

– C'est vrai ?

– Bien sûr que c'est vrai !

C'est alors qu'un homme, qui vient de s'approcher de nous (je saurai ensuite que c'est le chauffeur de Jacques) et a entendu ce que je disais à Virginie Pradal, entre dans la loge de Jacques où je l'entends lui dire :

– Il y a devant ta porte une superbe femme qui vient du Sénégal juste pour te voir.

Et alors la voix douce et calme de Jacques lui répond :

– Dis-lui d'entrer.

Le chauffeur et Virginie m'escortent dans la loge de Jacques. Toute ma vie, je garderai cette première vraie image de Jacques : pas celle du comédien mais celle de l'homme. Un homme que j'apprendrai vite à connaître mais dont je devine d'emblée la simplicité, la timidité, la générosité, l'honnêteté. Et, dans ses immenses yeux bleus, comme une fêlure...

Je le regarde. Il porte un costume noir de chez Kenzo et tient à la main un flacon d'eau de toilette dont il vient de se servir. Je reconnais « Pour un homme » de Caron.

*

C'est l'image de Jacques : un homme très soigné de sa personne, et qui sent bon. Quand je le connaîtrai mieux, je constaterai combien il accordait d'importance à sa toilette, multipliant bains et douches, soignant sa peau, ses cheveux... Il était d'une propreté sans limites, quasi maniaque. Un jour, je me suis mise en colère. Je lui ai dit qu'au lieu de prendre grand soin de son extérieur il ferait mieux de soigner l'intérieur. Que c'était plus important de veiller à sa santé qu'à son apparence. Mais il était d'une telle mauvaise foi en ce domaine que, même cloué au lit, il vous affirmait que tout allait pour le mieux dans le meilleur des mondes. Que, de toute façon, dans son métier, on n'avait pas le droit d'être une seule seconde malade. Sa formule ? « S'il le faut, on prend de la cortisone, ou autre chose, mais on va au boulot ! »

*

Il pose son parfum et me dit bonjour, timidement.

– On s'embrasse ? lui dis-je.

On s'est embrassés.

Quelques secondes interminables s'égrènent. C'est long car j'ai l'impression que tout le petit monde présent dans sa loge nous observe avec curiosité. Quant au couple que j'ai pris pour des journalistes, il s'agit d'un ami d'enfance de Jacques et sa femme. Je vois dans le regard de Virginie et du chauffeur beaucoup de gentillesse. C'est rassurant. Et je lui demande de signer mon programme. Je l'ai toujours, ce programme.

Pendant qu'il signe, ma petite tête fonctionne à cent à l'heure. Je me dis : « Seny, si tu ne lui parles pas, tu ne le reverras plus. » Et je me lance :

– Comment faire pour vous revoir ?

Il me demande alors mon numéro de portable...

Je vois qu'il échange un regard complice avec Virginie. Plus tard, je saurais que Virginie lui faisait signe de m'inviter à dîner. Une fois noté mon numéro, il me dit :

– Tu veux venir dîner avec nous ?

– Avec plaisir.

Il se tourne vers ses amis pour leur demander si ça ne les ennuie pas. Ils répondent que non.

Et voilà.

*

Quand je me remémore cette soirée, j'ai l'impression que ces gens-là m'attendaient, que j'étais une sorte d'ange gardien qui apparaissait, et que tout ce petit monde – les amis de Jacques – désirait que je reste, non seulement ce soir-là, mais pour longtemps – pour la vie ? – aux côtés de Jacques. Plus qu'une impression, c'était la vérité.

Nous dînons au Bang Taï, un très bon restaurant asiatique de Lille. Le repas se déroule on ne peut mieux. Nous rions, rions beaucoup, en l'écoutant avec son ami d'enfance nous raconter leur jeunesse. Une anecdote en appelant une autre, les souvenirs de jeunesse, et en particulier d'école, ressurgissent. Ils rient de bon cœur, et d'un rire contagieux, en se rappelant, par exemple, les tours pendables qu'ils jouaient à leur professeur d'histoire et géographie, qu'ils avaient surnommé Cactus et que Jacques s'amusait à imiter. Je pourrai d'ailleurs constater par la suite qu'il jouit d'un vrai talent d'imitateur et de bruiteur.

Il me faut peu de temps, ce soir-là, pour avoir l'impression de connaître Jacques depuis des années.

Mais, à cette table, quelqu'un voit beaucoup plus loin que cette relation naissante. C'est Virginie Pradal. Elle me pose des questions sur moi : d'où je viens, ce que je fais. Et là, en un quart de tour, je lui raconte ma vie. Il aura suffi de quelques heures pour que la confiance s'instaure entre nous, et cela s'est fait tout naturellement, de ma part, parce que je me suis vite rendu compte qu'elle aimait beaucoup Jacques et qu'elle le respectait.

Le repas terminé dans la bonne humeur, il n'est pas question d'en rester là et nous décidons de continuer la soirée tous ensemble au bar de l'hôtel Alliance, un quatre étoiles bien connu de Lille.

Le champagne coule abondamment.

C'est là que Jacques me fait un premier compliment que je n'oublierai jamais. Je l'ai considéré comme étant sa première déclaration d'amour pour moi. Il me dit :

– Es-tu d'origine peule ?

– Oui, ma mamy maternelle est peule...

– Cela se voit. Les Peuls ont de très beaux corps et de beaux visages très fins.

Pour que Jacques ose dire cela à une femme qu'il vient tout juste de rencontrer, c'est qu'il ressent vraiment quelque chose pour elle.

Je plane sur un petit nuage lorsque vient un incident lié à l'alcool. Jacques commande une bouteille de champagne. Mais son garde du corps, le grand Black qui veillait à la porte de sa loge, inquiet que la consommation de Jacques devienne problématique, s'est arrangé avec le maître d'hôtel pour faire comme s'il n'y avait plus de champagne. Jacques a beaucoup bu, mais il a toute sa lucidité et ne se laisse pas berner. Le ton monte et il finit par obtenir son champagne.

Nous terminons la soirée sur le coup de 6 heures du matin. Je dis au revoir à tout le monde. Virginie me demande mon numéro de téléphone.

*

Je rentre avec des rêves plein la tête, les yeux émerveillés d'avoir rencontré cet homme. J'ouvre doucement la porte de l'appartement, comme une ado sortie sans la permission de ses parents. Je me déshabille et m'allonge en sachant que le réveil sonnera, comme tous les matins, dans trente minutes.

Je me lève, je prépare les enfants, le petit déjeuner, et je les emmène à l'école.

Je reviens ensuite à la maison, trop fatiguée, et m'endors pour deux heures, des rêves plein la tête. Cet homme est parvenu à changer mes cauchemars en rêves magnifiques. Je me réveille en pensant que je l'aime.

À 10 h 30, je n'y tiens plus : il faut que je partage ce bonheur avec quelqu'un. J'appelle ma meilleure amie pour lui raconter ma soirée passée avec Jacques et ses amis. Mais déjà le doute m'envahit : tout ceci est trop beau. Ce fut une belle soirée. Inoubliable pour moi, mais il ne faut pas que je me monte la tête. Je me confie à mon amie qui me répond :

– Mais tu lui as donné ton numéro de téléphone : tu verras, il t'appellera. Laisse-lui le temps de se réveiller ; je parie qu'il ne t'oubliera pas et que, sur le coup de midi, il t'appellera !

Elle avait raison : vers 12 h 30, le téléphone sonne. Je décroche, le cœur battant : serait-ce lui ? Non, ce n'est pas possible ! Mais j'ai à peine le temps de laisser ces pensées confuses s'entrechoquer dans ma tête que j'entends sa voix :

– Allô, Seny ?

– Oui, c'est moi.

– C'est Jacques. Tu ne veux pas venir déjeuner avec nous ?

J'ai du mal à en croire mes oreilles. Je lui réponds :

– Oui, bien sûr, avec plaisir.

– On passe à table dans une demi-heure. À tout de suite.

Je raccroche et je rappelle aussitôt ma copine :

– Tu avais raison : il vient de m'appeler. Comment le savais-tu ?

– Intuition féminine, Seny ! Dépêche-toi de te préparer. Il t'attend.

Il fait très beau à Lille, ce jour-là. J'ai choisi une très jolie robe en flanelle qui m'arrive au milieu des genoux, dessinant sobrement mon corps. J'ai laissé mes cheveux tomber. Ils m'arrivent au bas du dos. J'ai décidé de ne pas me maquiller, contrairement à la veille. Je veux qu'aujourd'hui il me voie sans apprêt, nature. Qu'il m'aime avec mon vrai visage, sans artifice. J'en suis déjà à l'imaginer se réveillant auprès de moi, posant ses yeux sur moi et me découvrant au matin sans mauvaises surprises.

J'avais raison. Plus tard, il me répétera souvent :

– Qu'est-ce que tu es belle au réveil, mon bébé...

Un jour, je lui ai demandé pourquoi il me faisait si souvent cette réflexion qui me touchait tant. Il m'a répondu :

– Si tu voyais certaines femmes au réveil...

– Tu en as eu beaucoup dans ta vie ?

– Quelle importance, mon bébé... Je t'ai, toi. C'est tout ce qui compte.

*

Retour à l'Alliance, le très bel hôtel où nous avions terminé la soirée, hier. Il est déjà à table. Virginie m'accueille avec gentillesse. Il y a aussi le chauffeur, son habilleuse et son garde du corps.

Il se lève pour me dire bonjour et me place à sa gauche. D'une élégance rare, il porte un costume bleu nuit de Kenzo. Là, dans la lumière du jour, je peux le dévisager avec discrétion. Je le trouve très différent du comédien que je voyais sur les écrans, très aminci. Je découvre des nuances vertes de toute beauté dans le bleu de ses grands yeux si touchants. Son nez est magnifique. Ses lèvres bien dessinées. Ses mains, fines, très soignées. Et il sent bon, « pour un homme ».

J'ai toujours été sensible aux parfums. Ils sont une des composantes essentielles de mes souvenirs. Quand, aujourd'hui, les effluves de « Pour un homme » viennent jusqu'à moi, je me dis toujours : « C'est l'odeur de Jacques. » Et il est alors là, quelque part près de moi. Il doit me chercher...

Le repas se déroule très agréablement... même si je me rends compte que je n'ai pas vraiment séduit l'habilleuse de Jacques. Mais quand je sens que quelqu'un ne m'aime pas je me dis toujours que c'est parce que cette personne ne me connaît pas, et qu'un jour, quand elle me connaîtra mieux, tout ira bien.

Après le repas, Jacques m'invite à monter dans sa suite. Je le suis sans arrière-pensée. Je crois qu'en réalité, ce qui m'intimide le plus, c'est moins l'homme que la suite luxueuse !

On s'installe au salon. Il me demande de lui parler de moi. Je commence à raconter ce qu'a été ma vie avec mon mari, comment il était, comment nous avons vécu, comment il est mort. Le choc énorme qui s'est ensuivi. Je raconte, je pleure, je me vide. Je me rends compte que cela fait une semaine que je n'ai pas pleuré mon mari, tant la pensée de Jacques m'a submergée.

Il vient me rejoindre sur le canapé et me prend dans ses bras. Il me dit, et je n'en crois pas mes oreilles :

– À chaque fois que tu veux pleurer et parler de ton mari, tu peux le faire dans mes bras.

Quelle gentillesse, quelle générosité, quelle élégance ! Un vrai gentleman, un homme simple, voilà ce qu'il était. Et, dans le fond, quelle déclaration d'amour ! Car il faut qu'il soit amoureux pour me parler ainsi, si vite, lui, si timide...

Je me lève pour le laisser se reposer, car il doit jouer à nouveau, ce soir à Lille. Il me demande de rester faire la sieste avec lui. J'accepte avec timidité et je m'allonge à ses côtés. Il me serre très fort dans ses bras et il s'assoupit. Moi, je ne peux pas m'endormir, trop nerveuse, et avec l'impression coupable de tromper mon défunt mari que nous venons d'évoquer.

Il se réveille au bout d'une heure, me regarde. Je lui souris. Il me prend dans ses bras et m'embrasse. Rien de plus. Nous nous levons. Il prend sa douche et me demande si ça me ferait plaisir de revenir au théâtre. Quelle question !

Je l'accompagne jusqu'au théâtre et rentre chez moi pour m'occuper de mes enfants, du dîner, des devoirs... Après les avoir couchés, j'y retourne. Cette fois, j'ai une très bonne place ! À l'entracte, il m'appelle sur mon portable pour savoir si tout va bien, me demande de quel côté je suis placée, si j'entends bien. Il se soucie de mon confort.

Une fois la représentation terminée dans les bravos et les rappels auxquels je prends part avec beaucoup de fierté, je le rejoins dans sa loge et nous repartons au Bang Taï avec Virginie. Je vois dans les yeux de celle-ci qu'elle m'aime bien, ce qui confirme mon impression d'hier.

Soudain Jacques nous annonce :

– On a prononcé mon divorce aujourd'hui.

– C'est un signe, dit Virginie.

Après le restaurant, je raccompagne Jacques à son hôtel où nous parlons longtemps, comme si nous nous connaissions depuis toujours. Mais il faut bien se dire au revoir car le lendemain matin Jacques prend la route pour aller jouer dans une autre ville.

Nous nous embrassons très fort. Dans ses beaux yeux, je devine qu'il désire que je reste. Moi aussi, j'en ai très envie. Mais sa timidité conjuguée au fait que je me dis que ce ne serait pas très sérieux de ma part de rester, je rentre en ravalant mon désir et en le laissant sans doute sur sa faim. Mais je sais que le jour où cela arrivera, ce sera formidable.

Je rentre donc chez moi, heureuse de ce qui m'arrive. J'ai du mal à croire que ma vie aux allures de cauchemar ait pu, en un clin d'œil, prendre les couleurs du bonheur. Je me dis : « Tu rêves, ma petite Seny ! » Mais non et, en réalité, je comprends que je viens de faire le deuil de mon mari dans les bras de Jacques.

Le lendemain, il m'appelle pour me dire au revoir, me promettant que nous nous reverrons très vite. Il ajoute :

– Et n'oublie pas que le téléphone existe !

Je suis triste. Rapidement, l'angoisse s'empare de moi : et s'il ne m'appelait plus jamais ? Mais j'ai tort, bien entendu. Le soir, vers 22 heures, mon portable sonne. C'est lui, il est bien arrivé, un peu fatigué.

– Tu sais, me dit-il, la semaine prochaine je viens jouer à Mons, en Belgique, pas loin de Lille. Ce sera la dernière de la pièce.

– C'est très bien, ensuite tu pourras te reposer.

– Oui, j'irai en Normandie, dans ma maison de campagne.

– Tout seul ?

– Non, j'ai une gouvernante là-bas. Je t'embrasse et te dis à demain. À quelle heure puis-je t'appeler ?

– À l'heure qui te convient.

– Moi, je me réveille très tôt.

– Tu peux m'appeler dès 7 heures. C'est le moment où je m'occupe des enfants.

*

Dès lors, Jacques m'appellera plusieurs fois par jour : le matin, à midi, le soir. Si mon portable est déconnecté, j'y trouve ses messages que je réécoute sans me lasser.

Quand on s'est dit au revoir au téléphone, au moment de son départ, j'ai été un peu déçue qu'il ne m'invite pas à la dernière de sa pièce. Cette contrariété a été de courte durée.

Deux jours avant la représentation de Mons, j'appelle Virginie :

– J'ai envie de venir voir Jacques jouer à Mons, pour la dernière. Qu'en penses-tu ?

– Tu sais, il n'aime pas trop les surprises. Le mieux est de le lui demander : je suis certaine qu'il en sera très heureux.

Je suis son conseil. Elle avait raison : il est ravi et impatient de me revoir.

À cette occasion, je découvre un autre trait de son caractère : un homme angoissé, ayant peur de tout. Il me demande comment je vais faire pour me rendre en Belgique. Quand je lui dis que, tout simplement, je prendrai le train, il s'inquiète : n'y a-t-il pas trop d'insécurité ? Le voyage ne sera-t-il pas trop long ? J'ai l'impression que, à ses yeux, j'entreprends une vraie expédition en territoire inconnu ! Je le rassure en lui promettant de me renseigner sur les horaires, etc., mais il me dit :

– Non, laisse-moi faire. Je m'occupe de tout.

Je saurai par la suite que c'était la première fois qu'il se mêlait de ce genre de choses. Je suis d'autant plus touchée par ce comportement protecteur que j'ai singulièrement manqué d'amour paternel. Mais, finalement, c'est Éric, le copain de mon mari – devenu comme un frère pour moi –, qui m'accompagne à Mons.

J'arrive à son hôtel où il dispose d'une suite aussi luxueuse que celle de Lille. Mais cela ne m'impressionne déjà plus.

On s'embrasse.

– Tu as fait une bonne route ? Tu as soif ? Faim ?

– Non, merci.

Et, pour la première fois, il m'appelle bébé, mon bébé noir.

Nous nous étendons sur le grand lit. Et là, le désir que nous avons refoulé tous les deux, par timidité, par crainte – que sais-je ? –, prend le dessus. Quoi de plus normal pour deux êtres qui s'aiment ?

Ce fut extraordinaire, fabuleux, inoubliable.

Voilà. Je venais de lier mon destin à celui de Jacques.

2

Aujourd'hui,
Qu'il me suffise le sourire
Qu'ébauchent tes lèvres hâtives
Qui se perd dans le rêve marin de tes yeux... [1]

À partir de ce jour, je me suis occupée de lui avec énormément d'amour. Lui aussi a pris soin de moi, avec des hauts et des bas. Quand c'était haut, c'était magnifique, quand c'était bas, il y avait des moments difficiles, mais mon amour pour lui était si fort que rien ne pouvait détruire le couple que nous formions.

*

Après la sieste, il doit me quitter pour répondre à quelques interviews de la Télévision belge. Il me demande de le retrouver au théâtre. Je lui dis que je préfère l'attendre à l'hôtel. Il s'en va.

Une demi-heure plus tard, on sonne à la porte de la chambre. C'est Virginie Pradal, heureuse de me revoir. Elle me prend dans ses bras, m'embrasse. Nous prenons place sur le sofa. Nous bavardons comme si nous nous connaissions depuis toujours, ravies d'être ensemble, complices. C'est Jacques qui l'a prévenue :

– Notre amie lilloise est là...

Outre le fait d'être une grande comédienne, Virginie est une femme entière, remarquable. J'aime l'intensité de sa voix qui sait à la fois vous charmer et vous faire rire. Elle est passionnée, passionnante

1. Léopold Sédar Senghor, « Le portrait » (extrait), in *Poèmes divers, Œuvre poétique*, Le Seuil, 1990.

en tout. C'est un spectacle à lui tout seul que de la regarder vivre, marcher, parler, s'émouvoir.

*

Après la représentation, nous partons au restaurant : il faut fêter cette dernière. Il y a là, entre autres, l'habilleuse de Jacques, le couple qui gère le théâtre, Virginie et le chauffeur.

C'est une longue nuit qui s'annonce, et ce que j'ai constaté à Lille se confirme : Jacques n'abandonne pas la table facilement. Ce matin-là, c'est à 8 heures que nous quittons le restaurant ! Nous allons nous coucher. Le lendemain, en passionné de tennis qu'il est, il a rendez-vous avec l'entraîneur de la tenniswoman belge, la grande championne Justine Hénin.

*

Je le découvrirai rapidement : Jacques ne se contente pas d'être un sportif en pantoufles. Il a beaucoup joué, non seulement au tennis, mais également au basket et au football. Je verrai bientôt qu'il continue d'ailleurs à pratiquer le tennis sur le court qu'il a fait aménager chez lui, en Normandie. Quant au foot, c'est aussi ma passion : nous aurons souvent plaisir, par la suite, à échanger des ballons sur sa pelouse, et surtout à comparer interminablement les mérites de nos joueurs favoris. Cela nous vaudra un grand moment, lors d'une soirée inoubliable que nous vivrons à Ploudaniel. J'y reviendrai.

Si j'ai personnellement une grande admiration pour les joueurs de l'équipe de France de Michel Platini, Jacques est un fervent admirateur de Luis Fernandez et d'Éric Cantona. Il ne tarit pas d'éloges à leur égard, et me racontera combien il a été heureux de retrouver ce dernier dans la distribution de *Mookie*, un film qu'ils ont tourné ensemble au Mexique, en 1998, juste après *Le Dîner de cons*, sous la direction d'Hervé Palud. Il me racontera en riant que c'était l'histoire d'un drôle de moine voyageur, ayant recueilli une guenon qui parlait, fuyant à travers le Mexique en compagnie d'un boxeur poursuivi par un mafioso ! Le moine, c'était Jacques, et le boxeur, Cantona. Le film n'avait pas marché, mais il ne regrettait pas le séjour au Mexique et, surtout, avait été très heureux de travailler en compagnie d'un footballeur qu'il adorait... et qui l'avait épaté par ses qualités d'acteur.

*

Mais revenons à ce lendemain de fête... Quand nous émergeons, vers 13 heures, Jacques se met en colère. Pourquoi ne l'a-t-on pas réveillé plus tôt ? Il décrète que c'est la faute de son chauffeur ! Il peut faire preuve de très mauvaise foi sous l'emprise de l'alcool ou dans les brumes qui lui obscurcissent l'esprit après une soirée copieusement arrosée.

Je crois bien qu'il ne se souvient même plus de ma présence : quand son regard se pose sur moi, je vois, l'espace d'un instant, qu'il se demande bien ce que je fais là...

Mais il se reprend vite et s'avance vers moi, m'embrasse en me disant qu'il est désolé. Il ajoute :

– J'ai déconné, hier soir...

Je le réconforte, indulgente :

– Jacques, c'était la fête. C'est normal.

Nous nous quittons rapidement. Il a son rendez-vous. Moi, je dois prendre un train pour Lille. Il me dit :

– Bébé, dès que je rentre en Normandie, tu débarques.

Je pars avec cette fois moins d'angoisse au cœur, même si j'ai pris conscience que j'aurai un rival de taille : l'alcool.

*

Le soir, il m'appelle. Il est toujours à Mons. Je le croyais à Paris, se préparant pour son voyage en Normandie. Il me dit :

– J'ai envie de venir te voir à Lille. Ça ne te dérange pas ?

– Non, mon Jacques, je t'attends.

À son arrivée, nous allons boire un verre dans un café. Mais il est bien difficile, pour un comédien célèbre, de passer inaperçu : les consommateurs deviennent rapidement importuns. Demandes d'autographes, regards appuyés, j'en ai vite marre et je demande à Jacques de m'emmener dans son hôtel.

C'est là, dans sa suite, après avoir commandé deux coupes de champagne, qu'il se lance dans un long monologue. C'est à son tour de tout me raconter.

Il me parle de son enfance.

– Ma mère était coiffeuse, à Loches. C'est en Indre-et-Loire. Je t'y emmènerai un jour. J'étais un petit garçon tranquille, avec plein de copains. Je les faisais rigoler. Ben oui, déjà comique ! Et puis, je faisais beaucoup de sport. J'ai toujours aimé ça et je continue aujourd'hui. On ne dirait pas, hein ?

Il a le regard pétillant, plein de malice. Mais il s'assombrit brutalement. Comme lorsque de gros nuages noirs viennent couvrir un ciel d'été.

– Et puis, je devais avoir une dizaine d'années quand un jour, à l'école, j'ai entendu des réflexions entre les autres gamins. Ils parlaient de moi. D'abord, je n'ai pas compris. Et puis, ça a été le choc : je venais d'apprendre que mon père n'était pas mon père. Tu imagines ce qui s'est passé dans ma tête... C'est le genre de truc qui te fout en l'air. Il m'a fallu du temps – je te passe les détails – pour connaître la vérité. Je vais te dire quelque chose qui va t'étonner : mon vrai nom, celui que j'avais avant de m'appeler Jacques Villeret, c'est Mohammed Boufroura.

Il s'interrompt un instant. Je respecte son silence. Au bout d'un moment, il ajoute, avec un beau sourire :

– J'ai aussi une mamy égyptienne !

Je ne peux m'empêcher de lui dire :

– Tu es donc né musulman, comme moi.

– Eh oui... Mon père était algérien. Kabyle, plus exactement. C'était un type immense, il devait dépasser le mètre quatre-vingt-dix. Ça m'a surpris, quand je l'ai rencontré : il est venu me voir un soir, après le spectacle. C'était en 1991, quand je jouais *La Contrebasse*, au théâtre Hébertot. Drôle de rencontre. En fait, nous n'avions pas grand-chose à nous dire. Mais, tout de même, je garde un souvenir ému de ces tardives retrouvailles. Nous ne nous sommes plus revus. Il travaillait alors toujours en France, mais je sais qu'il est reparti en Algérie, en 1994 ou 1995. Et puis, un soir d'avril 2002, mon demi-frère – il s'appelle Hacine – est venu m'annoncer sa mort.

Jacques est plongé dans ses souvenirs. Il demeure silencieux quelques instants avant de reprendre son monologue, les yeux baissés, la voix feutrée, monocorde, comme s'il ne voulait pas se laisser aller à manifester une émotion que je sens pourtant sous-jacente, intense :

– Quand j'étais gamin, nous habitions près de Tours, à Saint-Pierre-des-Corps. Il y a une grande gare… Je me souviens de la passerelle sur les voies, la passerelle que je n'avais pas le droit de franchir. Ma mère me disait : « Ne va pas de l'autre côté, c'est plein d'Arabes, là-bas. » Oui, je devais avoir dans les 10 ans… On m'appelait Jacky.

Son regard remonte vers moi. Il a une sorte de sourire triste. Et puis il se lève, fait quelques pas, avec un mouvement d'épaules, comme s'il se dégageait d'un fardeau. J'ai l'impression qu'il s'ébroue… Il revient vers moi, son regard a retrouvé de l'éclat. Il ne lui faut qu'une seconde pour se voiler à nouveau. Et le voilà qui chantonne :

Je sais qu'dans ma saoûlographie
Chaque nuit pour des éléphants roses
Je chanterai la chanson morose
Celle du temps où je m'appelais Jacky[1].

Je dois faire une drôle de tête. C'est vrai que je le regarde bouche bée… Il me dit, et cette fois avec son grand sourire que j'aime tant :

– Toi, tu ne connais pas Brel.

– Pas bien… À part *Ne me quitte pas*…

– Il faut que tu l'écoutes. Ça, c'est de la chanson. Je t'offrirai ses disques. Tu m'en diras des nouvelles !

Si j'avais su, à ce moment, que *Ne me quitte pas* servirait de fond sonore à son enterrement…

Il redevient songeur. Et continue :

– C'est marrant, j'ai toujours voulu être acteur. Des tas de gens m'ont demandé pourquoi. Je n'en sais rien. Je devais être fait pour ça… La scène, c'est quelque chose. Le cinéma aussi, mais ça n'a rien à voir. La scène… Tu sais, quand un comédien te fait vibrer, c'est

1. Jacques Brel, « La chanson de Jacky », *Œuvre intégrale*, Robert Laffont, 1982.

magique. Un chanteur, c'est pareil. Enfin, pas toujours, mais quand on a vu Brel, ne serait-ce qu'une fois, on ne l'oublie pas.

Il reprend :

– J'ai fait le conservatoire de Tours, avant de monter à Paris, comme on dit. Et plus le temps passait, plus je savais que j'avais eu raison de choisir ce métier. En fait, c'est sur scène que je suis bien. Tu a pu le constater, même si on se connaît depuis peu : je suis carrément du genre timide dans la vie de tous les jours. Sur scène, c'est différent. Je le répète : c'est là que je me sens bien.

Soudain, il se met à rire.

– Figure-toi que, en arrivant à Paris, je n'avais qu'une idée : m'inscrire au cours Simon. J'étais persuadé qu'il s'agissait de Michel Simon. Tu sais qui était Michel Simon ?

– Oui. Je ne suis pas très calée en théâtre ou en cinéma, mais un personnage comme lui, tout le monde le connaît, même moi !

– Je m'en vais donc au cours Simon. Et là, pas de Michel Simon ! C'était le cours de René Simon. Je ne le connaissais pas, ce René, alors que c'était une grande personnalité du théâtre. Du coup, je suis reparti. Quel con j'étais !

Il éclate de rire et me raconte encore la préparation et l'entrée au conservatoire, l'influence de son maître Louis Seigner qui a su l'orienter vers sa voie naturelle : la comédie. Et le cinéma : son premier film, *R.A.S.* d'Yves Boisset, dans lequel il a tourné en compagnie de bon nombre de copains du conservatoire, Jacques Weber, Jacques Spiesser, Jean-François Balmer. L'importance de Lelouch dans sa jeune carrière...

Il se lève, fait quelques pas, revient s'asseoir près de moi. Son visage s'est assombri et ses yeux semblent avoir perdu de leur limpidité. J'ai l'impression fulgurante d'une mer soudainement soumise à l'orage : elle était belle et bleue, la voici grise et mouchetée des signes de la tempête.

Brusquement, nous quittons le monde du cinéma, de ses anecdotes, de ses paillettes. Ce que va me raconter Jacques maintenant me fait encore mal aujourd'hui.

Il raconte, d'une voix grave...

– On ne devrait jamais faire confiance à personne. Mais ça, quand on le dit, il est trop tard.

Un temps. Je ne dis rien ; je sens qu'il veut se confier totalement et qu'il s'apprête à de difficiles aveux.

– Pendant des années, je n'ai fait que travailler. J'ai bossé, bossé... J'allais chaque matin au boulot, et souvent, le soir, je montais sur les planches. Normal : ça marchait plutôt bien pour moi. Le boulot, ça me plaisait. C'était ma vie. À côté de ça, je ne m'occupais absolument de rien. La paperasse, les comptes, tout le bazar administratif, non seulement ça ne m'a jamais intéressé, mais je peux dire que ça me rebutait carrément. Quelqu'un s'en occupait pour moi. Ma confiance, pauvre couillon que j'étais, était totale. Un jour mon agent, Serge Rousseau, me dit : « Dis donc, tu ne vas pas tarder à figurer dans le classement des Français les plus riches ! » Il exagérait, mais je savais tout de même que mon compte en banque était bien garni. Enfin, c'est ce que je pensais. Pourtant j'aurais dû m'inquiéter, me poser des questions. Mais, évidemment, ce genre de réflexion, c'est après qu'on se les fait, quand il est trop tard. Car il y avait eu quelques signes qui auraient dû m'alerter. Des petits clignotants... Des petits signaux du genre orange ou rouge... Je t'ai dit que j'étais sourd. Pas seulement. Aveugle aussi.

Il continue :

– Tu sais, pendant toutes ces années, je n'ai jamais lu la moindre facture, je n'ai jamais croisé le facteur. Pas une seule fois... Jusqu'à ce fameux jour.... J'étais dans mon appartement parisien. Je sors pour me rendre au tennis. Cinq minutes plus tard me voici de retour car j'avais tout bêtement oublié mon sac de sports. Et là, je tombe nez à nez avec le facteur... Il me tend une enveloppe sur laquelle je lis « Trésor public ». Je l'ouvre... La surprise est tellement énorme que je me dis tout de suite qu'il y a une erreur !

– Ça disait quoi ?

– On me réclamait deux millions de francs d'arriérés. Je me suis donc adressé à la personne qui s'occupait de tous ces papiers, impôts et autres, qui m'a rassuré : « Je suis au courant. Ne t'en fais pas, il s'agit d'une énorme bévue des impôts. » La confiance, toujours la confiance : je ne demandais qu'à y croire. Et ce rappel me paraissait tellement surprenant que je n'ai pas eu de mal.

Il s'arrête durant quelques secondes, comme perdu dans ses souvenirs, et continue :

– Après le match de tennis, je prends un verre avec un ami, rencontré par hasard ce jour-là, et que je n'avais pas vu depuis longtemps. Je lui raconte la frayeur que je viens de subir. Je lui dis la lettre du fisc, le rappel de deux millions de francs. Mon ami était familier de ce genre de problèmes, connaissait tous les arcanes et, mon histoire l'ayant intrigué, il m'a demandé si je voulais bien qu'il se renseigne sur mon cas. Je lui ai dit oui.

– Et alors ?

– Alors ? Eh bien, ça n'a pas tardé : il m'a effectivement contacté dès le lendemain, et là je peux dire que mon enfer a vraiment commencé. Il m'a dit, tiens-toi bien : « Ce n'est pas deux millions que tu dois, mais beaucoup plus. Vraiment beaucoup. Comment diable t'es-tu mis dans une situation pareille ? Tu ne pouvais tout de même pas ne plus payer d'impôts depuis des années sans t'attendre à avoir des ennuis ! » Il avait des informations de source sûre et m'a répété à plusieurs reprises ce que je ne pouvais pas, ne voulais pas entendre. J'ai cru que j'allais m'écrouler, avoir une attaque. Et puis, j'ai tout de même réagi, une fois le choc bien encaissé, en me disant que j'allais tout payer, et rapidement, convaincu que mon compte en banque était copieusement garni.

– Et il ne l'était pas ?

– Attends la suite... J'ai appelé ma banque pour savoir comment m'y prendre pour régler la totalité de la somme que je devais au Trésor. Mais là encore une autre surprise, de taille elle aussi, m'attendait... Non seulement je n'avais pas l'argent nécessaire pour rembourser, mais j'ai appris que j'étais à découvert !

– Mais c'est incroyable !

– Je sais. Incroyable mais vrai. Hélas ! J'avais fait confiance. Ma vie s'est écroulée comme un château de cartes. Je me suis retrouvé sans rien. Non seulement sans rien, mais couvert de dettes. Je me disais : je n'ai pas un appartement de luxe, pas une voiture de luxe, pas de yacht, rien de tape-à-l'œil. Eh bien, maintenant je n'ai rien tout court. Rien de rien, et même bien moins que rien. Je suis rentré à l'appartement, j'ai pris quelques affaires et je suis parti. Je n'ai jamais remis les pieds chez moi. Je suis devenu un clochard. Clochard de luxe, mais clochard. J'étais foncièrement malheureux. Seuls mes chiens et mon travail étaient là, bien présents, pour que je tienne le coup. Voilà, bébé, voilà ce que je voulais te confier. J'ai donc travaillé pendant trente ans et n'ai rien, rien que des dettes....

*

Je garde un souvenir poignant de ces confidences. J'ai envie de dire confessions. J'étais touchée, très émue, car ces confidences me démontraient que nous avions une vraie relation de confiance. Et, si je raconte tout cela aujourd'hui, c'est sans scrupules : il n'y a là aucune révélation. À la mort de Jacques, le public qu'il avait tant ému, tant fait rire, ce public a su qui était l'homme, par-delà le comédien, les médias ayant largement raconté sa vie, ses fêlures, ses blessures, son recours à l'alcool pour tenter de surnager...

Moi, c'est ce jour-là que j'ai découvert un autre homme. Jacques avait d'abord été pour moi une image, un rêve. Le rêve s'était transformé en réalité, sans perdre de sa magie. Là, j'avais devant moi un être meurtri, trahi, volé. Un homme sans amour, souffrant le martyre. J'étais infiniment triste de constater que cet homme, adulé par des millions de spectateurs, vivait de déboires en déboires. Quelle solitude que la sienne ! Je me souviens avoir pris sa main et l'avoir regardé droit dans les yeux :

– Jacques, lui ai-je dit, tout ça est aujourd'hui terminé, fini à tout jamais. Je t'aime. Je t'aime fort, très fort, et tu ne seras plus jamais seul.

– Tu sais, bébé, il m'arrive de déconner avec l'alcool...

– Pourquoi ?

– Parce que j'aime ça, bébé, j'aime l'alcool. L'alcool m'a beaucoup aidé. Il m'a aidé à supporter toutes les saloperies que l'on a bien pu me faire. Et il y en a eu...

– Maintenant il faut arrêter, lui dis-je.

– Tu sais, je n'aime pas que l'on me donne des ordres. Je n'ai jamais aimé ça.

Nous nous sommes quittés vers 3 heures du matin. Il m'avait longuement parlé des gens du spectacle, cinéma et théâtre, tous ceux avec qui il aimait travailler, et avait conclu en me prenant dans ses bras :

– Ma famille, c'est tous ces gens-là.

*

Nous nous étions donné rendez-vous pour le lendemain matin à 9 heures. Nous avons alors pris le petit déjeuner ensemble, puis je l'ai accompagné à la gare et nous nous sommes quittés en nous faisant de gros bisous.

Après le départ du train, des gens sont venus me demander si c'était bien Jacques Villeret, l'acteur. J'ai pu constater que, contrairement à ce qui s'était passé la veille, dans ce bistrot que nous avions dû quitter, ici personne ne l'avait dérangé. Les gens étaient simplement heureux d'avoir croisé, sur un quai de gare, juste quelques instants, un comédien qu'ils aimaient.

Deux heures plus tard il m'appelle. Il me parle très vite.

– Je suis chez moi... et tu me manques terriblement.

– Toi aussi, tu me manques.

Il me dit qu'il a des rendez-vous parisiens, puis qu'il prendra la direction de la Normandie. Le soir, pas de nouvelles. Le lendemain matin non plus, pas plus que l'après-midi... Je ne cesse de harceler son portable, sans succès.

Je prends la décision d'appeler la Normandie. C'est sa gouvernante qui répond. Je me présente. J'ai l'impression qu'on lui a déjà parlé de moi. Je lui dis mon inquiétude : deux jours sans nouvelles de lui.

– Ne vous inquiétez pas, me dit-elle. Après chaque fin de tournage ou de tournée, il est comme déprimé.

– Puis-je faire quelque chose ?

– Non, rien. Quand il sera suffisamment fatigué, il rentrera en Normandie.

Je devine ce qui se cache derrière les propos réservés de la gouvernante. Jacques m'en a dit assez pour que je décrypte...

Le soir, je parviens à le joindre sur son téléphone fixe. Il a une voix de brouillard, grave, lugubre. Je lui demande des explications.

– Je t'avais prévenue que j'avais de terribles problèmes avec l'alcool. Ma vie devient un véritable enfer lorsque j'arrête de travailler. Je me retrouve seul, tout seul, et là je déprime à mort.

– Mais Jacques, tu m'as à présent. Tu ne seras plus jamais seul. Je suis là.

– Tu veux venir me voir ? me demande-t-il.

– Non, je ne viendrai te voir que si tu rejoins ta Normandie. Et alors je viendrai très vite.

Ce refus m'est venu comme un réflexe. Il me permet de ne pas plier, de ne pas me laisser faire. J'en suis la première étonnée. Moi, la petite Seny, je ne dis pas oui à Jacques Villeret !

Il me répond, comme un enfant :

– OK, bébé. Tu promets de venir ?

– Oui, très vite, et je resterai à tes côtés plusieurs jours.

Le lendemain matin, je tente de le rappeler. Pas de réponse. Je m'inquiète. Je tente alors la Normandie où – bonne surprise ! – sa gouvernante me dit qu'il est rentré très tard et que, maintenant, il dort. Elle m'explique qu'il lui a confié : « Seny m'a dit de rentrer, sinon elle ne viendrait pas me voir. »

– Oui, c'est ce que j'ai fait, mais je me demandais s'il m'écouterait.

– Eh bien, il l'a fait. Je dois dire que je suis épatée !

À partir de ce moment-là, je sais qu'il faut que je sois intransigeante à son égard pour le calmer après ses cuites mémorables, à défaut de pouvoir l'empêcher de boire.

L'après-midi, Jacques m'appelle :

– Pardon, mon bébé... J'ai fait l'andouille.

Je sens que ce n'est pas gagné. La gouvernante m'a expliqué que c'est ainsi depuis des années et qu'il lui faudra un peu de temps pour se remettre.

Quelques jours plus tard, en effet, il a retrouvé tous ses esprits. Et il me dit qu'il a toujours envie de me faire venir, ajoutant :

– Mais, tu sais, avec mon ex-femme, ce n'est pas encore fini. Et comme la gouvernante la connaît....

Je ne comprends pas cette inquiétude, mais je ne veux pas trop poser de questions. Je lui réponds :

– D'accord, nous nous reverrons à Paris.

– Oui, c'est préférable.

Les jours passent, tout va bien : il me téléphone très souvent, me pose des tas de questions pour savoir ce que je fais, comment vont mes enfants, etc.

Mais l'attente devient trop longue pour moi, et je finis par lui dire :

– Écoute, Jacques. Ta gouvernante ne va pas t'empêcher d'inviter ta copine chez toi, tout de même !

– Non, ce n'est pas ça, mais elle est du genre compliqué. Et puis, elle connaît très bien mon ex-femme.

Il me semble que c'est encore une nouvelle facette de Jacques que je découvre : j'appelle ça de la parano ! Mais, quand je réfléchis à tout ce qu'il a subi, je me dis que, en fait, il y a de quoi.

*

Je comprends vite que, si je ne m'impose pas, je deviendrai une femme de l'ombre. Je demeurerai une femme cachée. Je pense que mon éducation africaine m'a alors beaucoup aidée : m'imposer, certes, mais discrètement, sans faire de vagues, en douceur. Et puis, bien sûr, j'ai un autre atout, et de taille : Jacques m'aime, m'aime vraiment.

Je débarque en Normandie un vendredi après-midi. Sa belle maison de campagne se situe à La Trinité-de-Réville, un petit village, près de Broglie, dans la région de Bernay où il est venu me récupérer à la gare.

Il fait très beau. Et je me souviens de détails très précis : je portais un jean, des chaussures pointues et un petit haut décolleté.

Il a une vieille CX. Un bisou rapide, il place ma valise dans le coffre, m'ouvre galamment la portière, je prends place et en route ! Direction : la maison qui se trouve à une quinzaine de minutes. Il conduit avec nervosité et regarde sans cesse dans son rétroviseur.

On arrive rapidement chez lui. Il me présente sa gouvernante et me fait visiter les lieux : belle maison, piscine, tennis. C'est superbe.

Pour le dîner, sa gouvernante a dressé une très belle table. Je ne me souviens plus du menu, mais c'était bon. Je constaterai par la suite que c'est une de ses qualités : elle fait merveilleusement bien la cuisine.

Je suis contente de découvrir Jacques dans cette demeure : une belle maison, tenue remarquablement par une gouvernante de confiance. Ici, la vie semble devoir couler, douce, sans surprises. Jacques s'y comporte avec une grande simplicité.

Nous avons passé une très bonne nuit. Jacques a dormi profondément quelques heures et s'est réveillé de bon matin. Lorsque je me lève un peu plus tard, il est déjà dehors.

La salle de bains est de toute beauté. Tout est bien rangé. Au premier coup d'œil, je vois bien que c'est une salle de bains de célibataire : deux lavabos, deux grands miroirs... mais un seul côté est occupé. L'autre est désespérément vide. J'y place vite mes affaires.

Les étagères de Jacques débordent de produits de beauté pour homme : Jacques a toujours soigné sa peau. Et, mon Dieu, qu'elle était douce...

J'ai terminé ma toilette, il m'attend en bas de l'escalier avec un petit sourire de satisfaction. Je me penche légèrement pour lui faire un bisou. Il me prend dans ses bras et me serre très fort en me balançant. La table du petit déjeuner est couverte de tas de bonnes choses. D'ordinaire, le matin je me restaure à peine. Mais cette fois je fais honneur à ce petit déjeuner magnifique. Je saurai plus tard que c'était lui qui avait mis tout ça en place.

Après le petit déjeuner, nous nous promenons dans son jardin. Il me montre ses beaux arbres, me précisant que son ex-femme les a payés très cher ! Il me montre le court de tennis qu'il s'est fait construire, lui qui aime beaucoup ce sport.

J'aperçois un ballon de foot. Je m'en empare, fais quelques dribbles et shoote. Il me regarde avec admiration et me demande si je joue vraiment au ballon rond.

– Un peu, lui dis-je. J'ai joué quelquefois. Et toi, tu aimes le foot ?

– Oh là là ! C'est une passion ! Je regarde tous les matches à la télé. J'aimerais bien aller au stade mais, que veux-tu, je n'ai pas le temps.

Alors, je lui ai passé le ballon et nous nous sommes amusés comme des gamins. J'ai été agréablement surprise de voir comme il maîtrisait bien la balle et, pendant le repas de midi, nous avons parlé foot.

Après le déjeuner, Jacques fait toujours une sieste. Moi, ce n'est pas dans mes habitudes, mais je m'allonge près de lui. Il s'abandonne dans mes bras. J'ai compris que cet homme avait besoin d'une femme à ses côtés, qui le cajole un peu, mais surtout le comprenne et l'aide à lutter contre les démons qui le détruisent à petit feu depuis si longtemps. En un mot, une femme qui l'aime.

Je sais que cela sera très difficile, mais j'ai deux atouts. L'amour qu'il me porte et aussi celui qu'il a pour son métier.

*

C'est ainsi qu'a commencé ma vie avec Jacques. J'ai vite compris qu'il y aurait beaucoup de bonheur mais que les difficultés seraient nombreuses, elles aussi. Mais une femme amoureuse n'est-elle pas prête à accepter les défauts de l'homme qu'elle aime ?

J'ai passé quelques jours magnifiques chez Jacques. Je ne peux pas dire que sa gouvernante m'ait accueillie sans réserves, mais je ne l'ai pas mal pris. C'était normal : elle protégeait son patron. Elle était là depuis longtemps, bien avant son divorce. Elle connaissait très bien Jacques qui lui faisait, à juste titre, une confiance aveugle.

Il faut bien admettre que, lorsqu'on entre dans la vie de quelqu'un comme Jacques, il est compréhensible que l'entourage fasse preuve, sinon de méfiance, tout au moins de prudence. Je ne me suis pas fait du souci à ce propos, convaincue que la confiance s'établirait entre nous au bout de quelques jours.

J'avais raison : la gouvernante s'est bien vite rendu compte que ce qui se passait entre Jacques et moi, c'était sérieux et fort. Les deux derniers jours nous avons beaucoup parlé toutes les deux. Elle m'a dit toutes ses inquiétudes quant à son penchant désastreux pour l'alcool. Elle a évoqué les nombreux problèmes avec sa femme. Elle m'a aussi parlé des deux autres femmes qui étaient ensuite passées dans sa vie, l'une ayant succédé à l'autre, aucune n'ayant tenu plus de six mois...

D'ailleurs, un jour, l'une d'elles lui a téléphoné alors que j'étais là. Jacques lui a répondu qu'il la rappellerait plus tard. Il ne l'a jamais fait. Il m'a aussi confié que l'autre, il s'en était séparé après qu'elle avait fait une tentative de suicide.

C'était un peu comme si elle me disait :

– Voilà, ma fille ! L'homme que tu aimes... Tu sais tout. Maintenant, soit tu restes en toute connaissance de cause, soit tu te sauves sans tarder !

Cette femme, finalement, m'a beaucoup aidée en me parlant ainsi. Elle a renforcé mon amour pour Jacques, me donnant encore plus envie de le protéger.

3

Jacques travaille sur le scénario d'*Effroyables Jardins* que prépare Jean Becker. Je ne connais pas encore le milieu du cinéma, mais je comprends vite combien Jacques est heureux de retrouver un réalisateur qu'il aime beaucoup, avec lequel il a déjà tourné *Les Enfants du marais* et *Un crime au paradis.*

C'est maintenant que je le vois vraiment au travail, que je constate avec quel sérieux il s'y investit. Avec sérieux et, j'ai envie de dire, application, tant il me fait parfois penser à un élève très studieux, recopiant des pages et des pages de scénario sur des cahiers d'écolier en commençant dès l'aube.

Quand je lui déclare que j'aimerais beaucoup lire ce scénario, pour savoir quel rôle il va endosser, comprendre dans quelle nouvelle histoire va évoluer son personnage, il est visiblement touché par l'intérêt que je porte à son travail et me dit :

– D'accord, mais commence par le commencement ! Lis d'abord le bouquin dont le film est tiré. C'est un tout petit livre par la taille, mais une grande histoire. Et, coïncidence amusante, l'auteur est lillois ! Il s'appelle Michel Quint. Va savoir, tu l'as peut-être croisé près de chez toi !

Michel Quint, je le rencontrerai plus tard. Dans l'immédiat, je me contente de son livre que je dévore d'autant plus rapidement qu'il est effectivement très court. Mais quelle belle histoire que celle de ces résistants très amateurs, prisonniers dans un trou boueux, et pour lesquels un soldat allemand, qui leur apporte un peu de réconfort en jouant au clown, donnera sa vie. Et puis, qu'elle est émouvante, la relation entre l'un de ces rescapés, qui, en hommage à ce soldat, deviendra un clown du dimanche, et son fils qui a honte de lui, jusqu'au jour où il apprend toute l'histoire. C'est Jacques qui, dans le film, jouera ce père incompris, ex-résistant du genre bricoleur et clown d'occasion après la guerre. Un rôle magnifique dont il s'imprègne jour après jour.

*

Je dois rentrer à Lille, partagée entre la joie de revoir mes enfants et ma tristesse de laisser Jacques. C'est un homme qui n'aime pas la solitude. Elle a trop souvent été sa mauvaise compagne. Mais je pars tout de même relativement sereine. Je sais que les périodes les plus difficiles pour lui sont les lendemains de tournage. La période où la pression retombe, où la « famille » de travail se défait. Actuellement, c'est l'inverse : il travaille beaucoup, il se prépare. *A priori*, pas de danger !

Je le laisse donc à ses *Effroyables Jardins* et j'entame, sans bien m'en rendre compte, un parcours d'équilibriste : je vais devoir gérer ma vie de mère et celle de femme, avec mes enfants à Lille, Jacques à Paris ou en Normandie, sans compter les lieux de tournage. Moi, je ferai mon possible pour me partager au mieux entre eux. C'est ainsi que, durant les trois ans pendant lesquels j'ai vécu avec Jacques, je n'ai pas cessé ces va-et-vient, supportant mal les séparations, d'un côté comme de l'autre.

Mais l'heure n'est pas aux bilans : je lui promets de revenir très vite !

Il me dépose à la gare et il attend le départ du train. Dix minutes plus tard, il me téléphone pour savoir si je suis bien installée. Avant de me quitter il a remarqué que mon billet de retour était en seconde classe. Il l'a aussitôt changé pour un voyage en première en me disant :

– C'est plus confortable.

C'est vite devenu une source de petits conflits entre nous : j'achetais toujours des tickets de seconde classe, pour des raisons économiques bien sûr, mais à vrai dire je ne voyais pas tellement l'intérêt de la première !

Un jour, je voyageais en première, pour lui faire plaisir. Il y avait seulement un autre passager dans mon wagon. Et le voilà qui entreprend de me draguer, gentiment ! Au même moment, le téléphone sonne. C'était Jacques qui, pour la centième fois, voulait savoir comment se déroulait le voyage. Connaissant son angoisse, je lui ai dit, en dramatisant un peu :

– Tu sais, Jacques, je ne suis pas certaine que ton idée de première classe soit aussi bonne que tu le prétends. Souvent, ces voitures sont quasi désertes. Et là, par exemple, il y a un mec qui n'arrête pas de me draguer depuis tout à l'heure.

Qu'est-ce que je n'avais pas dit là ! Il s'est mis en colère :

– Ils sont où, les contrôleurs ? Va les chercher ! Et tu me les passes.

Je lui ai répondu que je ne voyais pas de contrôleurs dans les parages et que, de toute façon, j'étais sur le point d'arriver à destination.

– Ce n'est pas vrai ! Tu n'arrives que dans trente minutes. Alors, je te tiens compagnie au bout du fil.

Parfois la communication s'interrompait. Ça l'énervait :

– C'est toi qui me raccroches au nez ? me disait-il.

– Mais non ! On perd le réseau, c'est tout !

Voilà comment j'ai obtenu de reprendre mes habitudes et mes billets de seconde classe.

*

Nous nous sommes revus à Paris. Il aimait m'inviter au restaurant et me faisait partager ses goûts, en particulier pour le poisson.

Tous ses admirateurs le savent certainement, surtout après l'avoir vu dans *Les Enfants du marais* : Jacques était un fervent adepte de la pêche à la ligne. Mais c'est sans doute ce que nous partagions le moins : je dois manquer de constance car je n'ai jamais réussi à me passionner pour cette activité. J'ai bien essayé, ne serait-ce que pour accompagner Jacques, mais j'y ai vite renoncé après m'être malencontreusement planté quelques hameçons dans les doigts et avoir, une bonne fois pour toutes, perdu patience devant une ligne complètement emmêlée ; « on dit une perruque », m'avait alors précisé Jacques, jouant au maître sentencieux, avec un sourire moqueur.

Bref, la pêche, ce n'était décidément pas mon truc. Mais lui, c'était un vrai pro, avec sa collection de cannes et tout l'attirail qui allait avec !

Comme, par ailleurs, il avait une culture poétique remarquable, il s'amusait souvent à me dire de mémoire quelques textes touchant de près ou de loin la partie de pêche à laquelle il se préparait. Une ou deux strophes d'un poème, un bout de chanson, c'était selon son humeur.

J'aime me remémorer ce qui avait fini par constituer un vrai gag entre nous, un de ces petits bonheurs qui naissent d'enfantillages complices comme seuls en connaissent sans doute les amoureux. Un jour, fin prêt pour sa partie de pêche, il m'avait chantonné :

On dirait un fanatique
De la cause halieutique[1]

Je restais perplexe. Halieutique ? Qu'est-ce que ça voulait dire ?

Il m'avait expliqué :

– Halieutique, c'est ce qui concerne l'art de la pêche.

Et il s'était lancé dans un éloge de Brassens dont je ne connaissais pas grand-chose à l'époque. C'étaient les premiers vers d'une de ses chansons et Jacques, particulièrement détendu ce jour-là, avait ajouté, imperturbable :

– Ce sont de beaux vers... de pêche !

Il aimait la pêche, donc. Et le poisson. Il désirait absolument me faire partager ses goûts culinaires en la matière, tenant à me faire apprécier le poisson cru servi dans les restaurants japonais. Il a eu beau insister, j'ai toujours dit non. Je n'aime pas ça. Mais comme il adorait la cuisine asiatique en général, laquelle ne manque pas de préparations cuites, nous nous sommes rattrapés car il m'a vite fait aimer les bons restaurants chinois.

*

1. Georges Brassens, « Le pêcheur », *Poèmes et chansons*, Éditions musicales 57, 1973.

Nous sommes en juillet. Je suis partie avec les enfants à Genève où sont installées les demi-sœurs de mon père. Jacques aurait bien aimé m'y accompagner, mais Jean Becker l'attend pour le tournage, imminent, d'*Effroyables Jardins*, dans la région de Valence.

Comme d'habitude, il m'appelle plusieurs fois par jour et n'arrête pas de me dire : « Tu me manques, bébé ! »

C'est à cette époque qu'il m'a offert un petit livre intitulé *Tu me manques*. C'est un ensemble de petits textes, d'aphorismes, de variations sur le thème de l'absence. Je m'y plongeais souvent quand j'étais loin de Jacques : le livre ne quittait pas ma table de chevet. À vrai dire, il y est toujours. Ce qui a changé, c'est que, si je le regarde, le prends entre mes mains, je ne peux plus l'ouvrir. Pas encore.

Mais, même sans l'ouvrir, quelques citations me reviennent souvent à l'esprit, tant elles m'ont marquée.

Celle-ci, par exemple : « L'absence est à l'amour ce qu'est au feu le vent : il éteint le petit, il allume le grand. » Et je peux dire qu'il souffle fort aujourd'hui, le vent de l'absence. Et il tient fort vigoureux ce feu qui continue à flamber.

Alors, bien sûr, je ne suis pas d'accord avec cette autre citation qui m'avait fait bondir à la première lecture : « Il n'est pas d'amour qui résiste à l'absence. »

Je ne peux, hélas ! que m'incliner devant cette autre : « L'absence est le plus grand des maux. » Ça, oui. J'en ressens les effets tous les jours...

*

Un jour sans coup de téléphone. Je m'inquiète, devinant ce qui se passe.

Si j'ai pu passer toutes ces années avec Jacques, années faites de hauts et de bas, je le répète, c'est parce que j'ai compris rapidement qui il était vraiment, comment il fonctionnait.

Je téléphone en Normandie et sa gouvernante me confirme ce que je crains : il a encore succombé à la tentation et doit cuver son vin quelque part. J'ai beau m'y attendre, me voilà angoissée à l'idée de le savoir dans cet état.

– Que puis-je faire, dis-je à la gouvernante... Je suis loin de la Normandie.

Elle me répond de ne pas me faire trop de soucis car Jo Rodriguez doit venir le prendre le lendemain pour le conduire sur les lieux du tournage.

J'apprendrai bientôt à connaître Jo, un ancien – et excellent – boxeur professionnel, qui deviendra garde du corps et chauffeur de Jean-Paul Belmondo. Sa gentillesse me sera plus tard d'un grand secours. Il va compter pour moi, ce Jo, à partir de ce jour. Je ne le dirai jamais assez.

Mais, dans l'immédiat, je me fais du mauvais sang :

– Comment va-t-il pouvoir tourner puisqu'il est malade ?...

Elle me rassure : inutile de m'inquiéter outre mesure, le tournage ne commence que dans une semaine, il sera remis.

*

Malgré le chagrin que viennent raviver les souvenirs, j'aime bien revenir me promener en pensée dans ces *Effroyables Jardins*, pour moi jardins d'Éden. Et ceci pour plusieurs raisons.

La première est que, Jacques m'ayant fait venir sur le tournage, j'ai pu voir de près le travail de tous ces gens qui, en quelques semaines, mettent tout en œuvre pour réaliser un film. C'était mes premiers pas dans le monde du cinéma, même si j'y flânais, en quelque sorte, en touriste. C'est là aussi que j'ai fait la connaissance de gens charmants. Certains sont devenus des amis dont le soutien m'a été précieux dans la période noire qui a suivi le décès de Jacques.

La seconde raison est que, tout simplement, comme j'ai vu Jacques travailler sur ce film, j'ai mesuré, après le Jeffrey du théâtre, combien le travail de comédien sur un plateau de cinéma était à l'opposé d'un monde de paillettes.

Aujourd'hui, Jacques n'est plus là. Mais, au moins, je peux le revoir dans ses films et, parmi ceux que je préfère, que je me repasse sans me lasser, qui constituent mon petit hit-parade personnel, *Effroyables Jardins* figure en tête avec *Le Dîner de cons*.

L'émotion est toujours là, intacte, avec ce qui me touche le plus dans ce film : l'évolution de la relation père-fils, ce père qui s'est donné pour mission de jouer au clown, pour une raison tragique, et que son fils méprise dans sa tenue burlesque, jusqu'au jour où il en comprend la raison. Quel numéro d'acteur, pour Jacques... Et tous les autres.

Et puis, je sais que Jacques aimait vraiment ce film. Non seulement parce que, pour lui, travailler avec Jean Becker était toujours très gratifiant, mais aussi parce que le rôle l'avait séduit. Il m'avait dit, un soir :

– Tu sais, bébé, il faut toujours essayer d'aller voir ce qui se cache derrière le clown. La grosse rigolade n'est peut-être là que pour dissimuler des tragédies intimes. Dans ce film, mon fils est loin de comprendre ce qui motive son père. Heureusement, mon pote Dussolier est là pour lui expliquer les choses !

En voilà encore un qu'il aimait !

*

Les autres, Jacques m'appelle à Genève pour me dire qu'il les a rejoints sur les lieux du tournage, près de Valence, pour deux mois. Le voilà donc en compagnie de Thierry Lhermitte, André Dussolier, Benoît Magimel et Suzanne Flon, prêt à travailler sous la houlette de Jean Becker.

Je le sens en petite forme. Il m'explique qu'il a fait des essais qui ne sont pas terribles. Il n'est pas content de lui, culpabilise... Moi aussi, je m'en veux de ne pas être à ses côtés. Je tente de mon mieux de lui remonter le moral au téléphone. Heureusement, Jacques est quelqu'un qui récupère très vite. Il est bientôt heureux de m'annoncer que ça y est, le tournage a commencé et tout va bien. Je lui propose alors de faire un crochet en rentrant de Genève pour passer le voir.

– Mais comment feras-tu pour les enfants ?

– Je m'en occupe, ne t'en fais pas. Ma belle-sœur s'en charge.

La veille de mon départ de Genève pour Valence, Jacques s'inquiète :

– Bébé, j'ai peur que tu te sentes seule, les tournages ne sont pas drôles.

Il peut toujours tenter de me dissuader ! Tout ce que je veux, c'est être à ses côtés. Et, lorsque je débarque du train à Valence, il est là avec Jo. Nous nous contentons d'un petit bisou bien timide !

*

Jo m'accueille avec beaucoup de gentillesse. Je découvre rapidement qu'il est bien plus que le chauffeur et homme à tout faire de Jacques sur le tournage : c'est aussi – et surtout – son ami, son confident. Il le devient aussi pour moi : c'est un homme foncièrement gentil et disponible. Il a beaucoup de tendresse, d'admiration et de respect pour Jean-Paul Belmondo et sa femme Natty, dont il me parle souvent et qu'il me fait aimer, en quelque sorte, par procuration.

Je peux dire que Jo m'a soutenue comme personne, aidée et conseillée pendant les trois ans que nous avons passé ensemble avec Jacques. Nous avons vécu, tous les trois, des moments extraordinaires, même s'il fut parfois bien difficile de soutenir notre Jacques. Il sera d'autant plus furieux quand il constatera ce qui se passera à la mort de Jacques. Oui, je peux le dire : Jo est la seule personne qui puisse raconter, presque minute par minute, la vie que j'ai menée avec Jacques.

*

On arrive à l'hôtel. Jacques me propose un rafraîchissement. Je vois bien qu'il est heureux de me revoir. Qu'il n'a qu'une envie : me prendre dans ses bras. Mais comme il est très timide, il lui faut soulever des montagnes pour pouvoir oser le faire. Moi aussi, j'en ai envie, mais je n'ose pas trop le bousculer. On finit de défaire ma valise. Il s'allonge au bout du lit. Je viens vers lui. Je lui tends la main. Il la prend et l'embrasse très fort. Et il m'attire vers lui.

Voilà, je sais qu'à partir de maintenant, chaque fois que je décèlerai le moindre désir dans son regard, dans son comportement, il faudra que je fasse le premier pas.

Il me demande si je connais Suzanne Flon. Je lui réponds que non, ce qui ne l'étonne pas car il sait bien que j'ignore à peu près tout des comédiens. Mais il ajoute :

– Tu vas voir, c'est une grande dame.

Et il m'annonce que nous allons dîner avec elle, Jean Becker, son fils et ses petits-enfants. Je suis très émue à l'idée de rencontrer madame Flon et surtout Jean Becker, que Jacques estime tant ! Il m'en a tellement parlé qu'il m'a donné l'impression que le réalisateur était pour lui tout à la fois le patriarche, le grand frère, le confident. Au fil des rencontres, je pourrai d'ailleurs vérifier combien mes impressions étaient fondées : oui, Jean Becker était un vrai frère pour Jacques, toujours attentif envers lui, réellement à son écoute. Et ils avaient tant de choses à se dire !

*

J'ai compris très vite que Jacques souhaitait que je m'habille classique. Surtout pas sexy ! Et ça tombait bien car je n'ai jamais été à l'aise pour jouer les pin-up. Lorsque j'avais un décolleté, même très discret, il le trouvait toujours outrancier. Il tentait de me convaincre d'en changer. Comme je suis entêtée, je refusais. Nous nous accordions alors sur le compromis du foulard. Évidemment, quand j'enlevais le foulard, il s'ensuivait une bonne crise de jalousie.

Parfois, il me disait que si je m'habillais de telle ou telle façon, il ne viendrait pas avec moi. Là, il gagnait. Je changeais de tenue et je boudais. Il me disait :

– Arrête de bouder, sinon on ne sort pas.

Du coup, j'arrêtais de faire la tête : on ne sortait déjà pas beaucoup, alors je ne voulais pas rater l'occasion. Et, dans l'ascenseur, il pouffait de rire, un rire de victoire. Il me prenait la main en disant :

– Mon bébé, tu boudes ? Tu sais que tu es très belle...

*

Nous arrivons au restaurant. Tous les convives sont déjà là, devant une table magnifiquement dressée.

Suzanne Flon me regarde d'un air qui me paraît à la fois attendri et admiratif. Elle soupire :

– Qu'elle est belle !

Cet accueil mettrait à l'aise la plus timide d'entre nous.

Pour ce dîner, je porte un pantalon gris clair avec un haut très léger, très coloré... mais pas sexy du tout !

Je prends place en face de Suzanne. Jean est à ma droite et un de ses petits-fils, qui doit avoir 16 ans, à ma gauche. Je suis rapidement séduite par Jean, par la relation chaleureuse et amicale qu'il entretient avec ses petits-fils. Quand je suis bien accueillie ainsi, je me sens tout de suite à l'aise avec tous. Je bavarde avec Quentin, le petit-fils de Jean. Suzanne me regarde et me sourit avec chaleur.

Le dîner s'achève et nous nous embrassons tous en nous quittant.

À peine avons-nous regagné notre chambre que Jacques me reproche d'avoir tant parlé avec Quentin. Je n'y comprends rien de rien et je lui réponds avec enthousiasme qu'en effet je me suis bien entendue avec ce jeune homme. Il me répond froidement :

– Oui, j'ai bien vu ça.

Et je comprends alors que mon Jacques me fait une crise de jalousie. Je lui dis qu'il n'est pas raisonnable : ce jeune homme a l'âge de mon fils !

Il s'adoucit, sa bonne bouille devient toute triste. Je le prends dans mes bras et je lui dis :

– Que tu es bête... Je t'aime. Je t'aimerai toute ma vie.

Nous passons une belle nuit.

Le lendemain, j'ai rendez-vous avec Jo pour qu'il m'emmène sur le tournage à 11 heures. Jacques s'est réveillé très tôt comme d'habitude. Il se penche vers moi pour me faire un bisou. Je le prends dans mes bras et le serre très fort. Avec un grand sourire, je vois son visage s'illuminer. Cet homme m'aime et me veut à ses côtés. Je sais que je lui fais du bien et que je le rends heureux.

À 10 h 30, je suis prête. Il fait très chaud. J'ai choisi une robe rouge à fines bretelles qui met mes formes en valeur. Je me trouve très jolie, mais je sais déjà que ça ne va pas plaire à Jacques. Du coup, je rajoute un chemisier sur la robe, quitte à crever de chaud.

Dans l'ascenseur, je tombe sur André Dussolier. On se dit bonjour. Il ne sait pas encore qui je suis. Moi, j'ai beau débarquer dans le monde du cinéma, je le reconnais, bien entendu, pour l'avoir vu dans plusieurs films. De plus, Jacques m'a souvent parlé de lui et de ses autres amis du conservatoire. Devant l'hôtel, voici Suzanne Flon. On s'embrasse. Elle me dit que je suis très jolie et ajoute en souriant :

– Jacques a bien de la chance d'avoir une copine aussi jeune.

– Mais non je ne suis pas jeune, j'ai 34 ans. Et trois enfants.

Elle me demande de me mettre à l'ombre pour qu'elle me regarde mieux.

– Tu n'as pas 30 ans... Tu es un bébé...

On rit toutes les deux.

Mais son chauffeur vient la chercher et je me retrouve toute seule. Je décide de remonter dans ma chambre et je croise Thierry Lhermitte.

– Bonjour, lui dis-je. Je m'appelle Seny et je suis l'amie de Jacques Villeret.

Si je me suis permis cela, c'est parce que je sais que Jacques n'est pas doué pour les présentations. Lhermitte répond d'un sourire. J'ai l'impression qu'il a trouvé mon attitude quelque peu bizarre.

Jo arrive, avec ce sourire charmeur qui n'appartient qu'à lui. Il me dit, je me demande bien pourquoi :

– Jacques m'a dit que tu étais très timide, mais ne t'inquiète pas, tout ira bien.

Je ne crois pas être timide. Cependant, il est exact que j'hésite souvent à aller vers ceux que je ne connais pas, de peur d'un rejet. Mais il suffit d'un sourire pour me mettre à l'aise.

Et nous voici sur le tournage. C'est noir de monde, des tas de gens s'affairent dans tous les sens : comédiens, figurants, techniciens... J'essaie de comprendre comment tout ça fonctionne, mais ce n'est pas évident !

André Dussolier a dû demander qui j'étais car l'habilleuse de Jacques me prend par la main et me conduit vers lui. Elle me présente :

– Voici Seny, l'amie de monsieur.

C'est ainsi qu'elle appelait toujours Jacques.

La veille au soir, Jacques avait répété la chanson de Charles Trenet *Y a d'la joie*. Je savais qu'il appréhendait le moment où il devrait l'interpréter. Il m'avait dit :

– Heureusement, je n'ai pas à la chanter en entier !

Et il avait tenu à m'expliquer que, primo, il n'était pas chanteur et que, secundo, ça l'impressionnait tout particulièrement d'avoir à interpréter du Trenet car celui-ci faisait évidemment partie des grands qu'il admirait.

Il avait, à propos de Trenet, un souvenir qu'il se plaisait à raconter. C'était dans le cadre d'un festival au Canada. À Montréal, je crois. Ils étaient tous les deux à l'affiche et Jacques, surmontant sa timidité, avait osé demander à Trenet s'il pouvait assister à son tour de chant depuis les coulisses.

J'imagine combien cet effort avait dû lui coûter ! Mais toujours est-il que Trenet avait accepté et Jacques, qui venait de terminer sa prestation, avait passé un moment de rêve, à deux pas d'une de ses idoles.

Et c'est vrai que la chanson, tout comme la lecture, c'était important pour lui. Ça l'est devenu pour moi, tant il a su me faire partager le goût qu'il avait pour les chansons de Jacques Brel, Georges Brassens, Léo Ferré, Serge Gainsbourg, Jacques Dutronc, Julien Clerc, Charles Trenet, bien entendu... et je pourrais continuer la liste !

Mais si j'en crois le nombre de fois où, au gré des circonstances, au cours de ses confidences, il agrémentait soudain son propos d'un petit extrait d'une ou l'autre des chansons de Brel, il est clair qu'il plaçait celui-ci tout en haut de son petit hit-parade personnel.

Et le moment pour lui de se lancer dans *Y a d'la joie* est arrivé.

Sur le tournage, je me suis discrètement installée, un peu à l'écart, pour regarder mon amour au travail. Il est habillé et maquillé en clown et voilà le moment où il interprète la chanson. Quel talent !

J'ai une admiration sans limites pour cet homme. Je l'adore. Et je crois que l'on ne peut que tomber amoureuse quand on adore et qu'on admire. Ce qui est mon cas.

Et Jean Becker dit :

– Coupez, c'est bon.

L'habilleuse de Jacques vient me chercher pour me conduire à la loge de Jacques. Il me demande s'il était bien dans sa dernière scène.

– Bien ? Mieux que ça. J'étais si émue que j'en ai eu les larmes aux yeux.

Jacques a toujours besoin qu'on le rassure mais je n'ai vraiment pas à me forcer !

La journée de travail terminée, on se retrouve une nouvelle fois autour d'un dîner avec Jean et Suzanne. Je suis ravie que tout se passe bien entre Jean et moi. Le jour de mon départ, il me dit même de revenir quand je veux. Mais, ce jour-là, Jacques est triste et ça se voit tout de suite sur son visage.

Avec Jo, il m'accompagne à la gare. C'est très dur de se quitter. Sans les enfants qui m'attendent et que j'ai hâte, moi aussi, de retrouver, je ne le quitterais pas, ce tournage.

*

Les jours, les semaines passent. Jacques me manque et je sais que je lui manque aussi. Un beau matin, surprise, Jo m'appelle en me disant que, si je veux revenir, la production m'offre le voyage en TGV.

J'appelle immédiatement Jacques pour lui dire que j'arrive, que je suis impatiente de le retrouver. Il en est heureux, lui aussi, mais se fait du souci pour mes enfants. Je le rassure : les grands-parents sont ravis de s'en occuper.

Et me voici : tout le monde m'accueille à bras ouverts.

Nous sommes maintenant installés dans une autre ville, un autre décor. Suzanne Flon est partie. Les petits-enfants de Jean Becker aussi.

Jacques est très heureux que je sois à ses côtés au réveil, que je l'accompagne sur le tournage. Il aime me chercher du regard sur le plateau et croiser mon sourire. Je fais la connaissance de Benoît Magimel. Nous sympathisons tout de suite. Il me semble paré de toutes les qualités : beau, disponible, attentif et à l'écoute d'autrui. Il fait partie de ces gens avec qui il suffit de bavarder deux minutes pour en garder à vie un agréable souvenir.

*

Un soir, après le tournage, nous sommes partis dîner avec Thierry Lhermitte, Louis Becker (le fils de Jean) et Jo. Si je garde en mémoire ce dîner, c'est qu'il fait partie de ces moments de bonheur dont on se souvient parce qu'une anecdote les a particulièrement marqués. Ici, ce fut une histoire de fromages.

À chaque plat qu'il nous présentait, le serveur nous expliquait sa composition. Quand le moment des fromages est arrivé, il nous les a servis sur des assiettes individuelles et a ensuite entrepris un tour de table pour en détailler le contenu à chaque convive :

– Vous avez là du chèvre, du cantal, etc.

Lorsqu'il est arrivé à la hauteur de Jo, celui-ci avait déjà tout dévoré. Il ne restait que des croûtes. Imperturbable, le serveur lui a tout de même énuméré la composition de son assiette... en désignant les croûtes ! J'ai eu beaucoup de mal à retenir le rire que je sentais me gagner. Jacques et Thierry étant en pleine discussion, leurs assiettes étaient intactes et le serveur a donc pu leur faire son petit topo, auquel ils n'accordèrent d'ailleurs guère d'attention. Mais lorsque, juste après, il est passé à Louis, là encore il ne restait que des croûtes. Malgré tout, il a tenu à expliquer « chèvre, cantal, etc. ». Et là j'ai explosé d'un fou rire contagieux.

Jacques aimait bien raconter cette anecdote. Il en avait fait un véritable numéro.

*

J'ai passé quelques journées magnifiques avec tous ces gens. Mais c'est toujours un vrai déchirement que de quitter Jacques. Nous formons désormais un vrai couple : on parle, on rit, on s'aime, on se dispute parfois aussi. Il arrive que mon Jacques puisse se montrer dur, mais jamais méchant : il en est incapable, ce n'est pas dans sa nature.

Là-bas, j'ai fait des tas de photos. Je les ai fait développer en rentrant et en ai fait parvenir à chacun avec une petite carte de Lille.

Juste avant la fin du tournage, une nouvelle fois, Jacques ne va pas bien. Jo m'appelle pour que je revienne. Et me revoilà. Je dis à Jacques :

– Arrête de déconner ! Sinon je reprends le train et tu ne me verras plus jamais.

Cette menace, je l'ai faite quelquefois dans notre trop courte vie commune et, au fil du temps, il a fait des efforts. J'ai eu le bonheur de constater que, peu à peu, il semblait se libérer de ses démons. Mais je savais bien qu'il ne changerait pas d'un coup de baguette magique, que des mauvaises passes, il y en aurait encore et que, lors des tournages à venir, Jo m'appellerait au secours, encore et encore. C'est alors que j'ai décidé de travailler avec lui. Au moins d'être son assistante.

J'avais tissé de bonnes relations avec Jean Becker. Il était très gentil avec moi. Un jour, je lui ai écrit une carte en lui disant que j'aurais aimé avoir un père tel que lui. Le fait de n'avoir jamais eu de relations affectives avec le mien fait certainement qu'à chaque fois que j'en rencontre un autre, comme Jean, chaleureux et plein de gestes tendres, j'en suis heureuse. Je partage alors le bonheur des autres.

Le tournage d'*Effroyables Jardins* est terminé. Je m'empresse d'aller accueillir Jacques dès son retour car, il me l'a dit, ses fins de tournage sont dramatiques :

– Pour moi, c'est l'horreur. Tout le monde rentre, rejoint sa famille. Et moi, je me retrouve seul comme un con.

L'accueillir, pour moi, c'est lui montrer qu'il ne se retrouvera plus jamais seul ni avant, ni pendant, ni après les tournages, c'est lui dire que je suis là, avec tout mon amour pour lui.

*

Après le tournage d'*Effroyables Jardins*, Jacques m'a dédicacé le scénario de la façon suivante : « À bébé noir, à la boudeuse, à la princesse et à très vite. »

Car je partais ce jour-là.

J'étais très contente et honorée. J'ai pris le scénario avec fierté en lui disant que je le garderais toute ma vie.

Il a souri et m'a répondu que ça le changeait de cette autre femme qui collectionnait ses scénarios pour mieux les vendre après sa mort...

4

Été 2002 : Jacques a réservé un séjour de thalasso à Dinard. Les enfants sont partis en vacances avec leurs papy et mamy. Nous allons donc pouvoir profiter pleinement du mois d'août, tous les deux.

Nous partons en voiture. Il fait un temps superbe : c'est grand soleil partout, le ciel est bleu, nos cœurs font boum, juste ce qu'il faut. On est bien.

En approchant de la Bretagne, je distingue, comme plantée en mer, une construction majestueuse :

– Regarde le château ! Comme il est beau !

Jacques éclate de rire.

– Ce n'est pas un château, mon bébé, c'est Le Mont-Saint-Michel !

À l'image de ce quiproquo, c'est notre voyage tout entier qui se passera dans la bonne humeur, si ce n'est un soir...

*

La veille de notre départ, nous sommes les invités d'un fort sympathique marchand de vins. Le dîner a lieu à Dinard même, et la ville ne manque pas de bonnes, de très bonnes tables. Pour les dénicher, faites confiance à Jacques. Il a tous les guides adéquats.

Mais là c'est le marchand de vins qui invite. Nous sommes dix à table, le patron de l'hôtel de la thalasso s'est joint à nous. L'ambiance est au beau fixe.

On nous sert deux énormes plats de fruits de mer. Je n'en ai jamais vu de tels. Énormes, pantagruéliques. Jacques a son regard et son sourire des bons jours. Il biche, si je puis dire, et je reconnais en lui le gourmand et le gourmet.

Faut voir comme il s'occupe de moi en me disant :

– Bébé, mange !

Il prend soin de me casser les pattes de l'araignée et de m'apprendre le nom d'un tas de coquillages et crustacés : praires, rigadeaux, cigales de mer, galathées... Il me conseille, après la platée d'huîtres, un craquant de saumon à l'andouille de Guémené, tandis qu'il opte pour le saint-pierre au caramel d'épices.

Tous et toutes sont ravis d'avoir Jacques à leur table, un Jacques radieux d'avoir passé un séjour réparateur en thalasso.

Cependant, au bout d'une bonne heure, je commence à ressentir de l'inquiétude car l'alcool coule à flots. Vers minuit, je demande gentiment à Jacques de rentrer à notre hôtel. Il me répond, sans s'énerver, qu'il veut rester encore un moment en compagnie de ces gens si chaleureux.

Il voit bien que je suis tout de même inquiète et me dit de ne pas m'en faire, que le temps où il faisait l'andouille avec l'alcool – pour reprendre son expression coutumière – est révolu. Et sur ces mots, il me prend dans ses bras avec une infinie tendresse et m'embrasse.

Le dîner se prolonge. Je sais déjà que je vais avoir un mal de chien à le faire rentrer à l'hôtel.

Vers 2 heures du matin, je lui propose à nouveau de regagner notre chambre. Cette fois, il me rétorque sans ménagement aucun, d'un ton ferme :

– Je rentre quand je veux. Je rentre à l'heure qui me convient.

Je quitte alors la table et rentre, seule, à l'hôtel.

Je me couche, mais impossible de dormir, bien entendu. Je sais en effet que Jacques, dans ces cas-là, ces cas extrêmes, est capable de partir quelques jours en vadrouille sans que personne ne sache où il se trouve.

Il rentre au petit matin et se jette tout habillé sur le lit, s'endormant aussitôt comme une souche. Épuisée par cette attente je m'endors, moi aussi.

Quand je me réveille, vers 11 heures, je commence à faire ma valise. Je comprends ce jour-là que je ne pourrai pas vivre ainsi, malgré tout l'amour que je porte à Jacques.

Il se réveille à son tour et me demande, l'esprit encore confus, ce que je fais. Je lui réponds que tout est fini entre nous et que je rentre *illico presto* à Lille. Il se lève alors d'un bond, complètement réveillé pour le coup, vient vers moi et me prend la main :

– Bébé, écoute-moi. Ne m'abandonne pas. Reste avec moi, s'il te plaît.

– Je ne peux continuer ainsi. J'ai un rival de taille, ce foutu alcool... et je sais qu'il gagnera toujours...

– Non, bébé, il ne gagnera pas. Je te jure, il est déjà vaincu, bébé. Ce n'était qu'un dîner, juste un dîner. Je reconnais que j'ai salement déconné. Mais je m'en sortirai, je te le jure. Mais il faut m'aider. Ne me laisse pas tomber.

Comment résister à Jacques quand je vois tant de détresse dans ses yeux. De la détresse, mais aussi l'espoir, quasi palpable, de pouvoir compter sur ma présence pour s'en sortir.

Et je cède. Évidemment. Comment faire autrement ? Je ne peux pas le quitter.

L'incident est clos, et le séjour à Dinard a été tellement agréable qu'il m'a été relativement aisé d'occulter ce triste épisode. J'ai finalement gardé un bon souvenir de cette station balnéaire qu'est Dinard. La « Nice du Nord », comme on l'appelle, Jacques en a aimé, tout autant que moi, le charme désuet, le côté Belle Époque.

*

Surtout, il a bien profité de la thalasso. Il sort de là en pleine forme. Je vois arriver la fin de notre séjour avec regret mais, alors que nous nous apprêtons à boucler nos valises, il me dit :

– Tu te souviens, je t'ai parlé de mon ami Gilles, il y a quelques jours. Je t'ai dit qu'il faut absolument que je te le présente. Eh bien, on va y aller, car il habite dans le Finistère. Ce n'est pas très loin, profitons-en. Je l'ai appelé, il nous attend avec Martine, sa femme, dans son « Pen ar Bed », son bout du monde de village... Tu verras, tu vas t'y plaire.

Mon compagnon est intarissable sur son pote de longue date. Il m'explique que Gilles est un grand journaliste, que son domaine, c'est le sport, et encore plus le cinéma. Il ajoute :

– Il connaît tout le monde là-dedans et, si tu veux tout savoir de mes débuts, tu n'as qu'à l'écouter !

Quelques jours de plus en Bretagne ? Ça me convient ! Et puis, les amis de Jacques sont mes amis ! C'est donc avec enthousiasme que je m'exclame :

– Allez ! Cap à l'ouest !

*

Je ne risque pas d'oublier notre séjour à Ploudaniel, la petite ville où habitent Gilles et Martine. Ils sont tous les deux d'une gentillesse extrême... et Martine se révèle un vrai cordon bleu, ce qui ne gâte rien.

Si c'est un régal de déguster ce que Martine nous prépare, ça l'est tout autant d'écouter Gilles nous parler de Jacques, de son ami Jean Yanne et de tous les comédiens, les écrivains, les sportifs qu'il connaît bien et dont il cultive souvent l'amitié.

Chez eux, on se croirait dans un musée, tant les murs sont couverts de souvenirs. Je m'attarde devant la photo d'une équipe de football. C'est une photo en noir et blanc, qui ne date donc pas d'hier. Je tombe des nues en y reconnaissant Jacques. Bien entendu, il me faut des explications !

Jacques ne s'en prive pas :

– C'est un de mes plus beaux souvenirs. Regarde bien cette équipe dans laquelle j'ai joué ! Elle a rencontré la grande équipe de France de Platini !

*

Moi, le foot, c'est une de mes passions. J'ai toujours aimé ça, et n'oubliez pas que le père de mon fils était footballeur international !

Je me souviens à quel point j'ai sidéré Jacques, au tout début de notre relation, non seulement en échangeant quelques ballons avec lui sur sa pelouse de Normandie, mais en me révélant une redoutable spécialiste au jeu des questions-réponses que nous nous lancions. Si Jacques était vraiment intarissable à propos de Cantona et de Fernandez, le jour où je lui ai dit, le plus naturellement du monde : « Fernandez ? Cinquante-trois sélections en équipe de France », il m'a regardée comme si j'étais une extraterrestre.

Et quand, à propos de la défaite de l'équipe de France contre l'Allemagne, en demi-finale du Mundial de 1982, je lui ai avoué combien j'avais été malheureuse, il m'avait répondu :

– Ben, ça alors, mon bébé, tu me surprends. D'ordinaire, les femmes n'aiment pas le foot ou elles n'y connaissent rien.

Eh oui, j'ai toujours aimé le foot. Et je me revois, le soir de cette fameuse demi-finale, au Sénégal, devant la télé. La tension était à son comble : trois buts de part et d'autre, l'accès à la finale allait se jouer sur les tirs au but. J'étais une fan de Didier Six. Et là, catastrophe, Six et Bossis ont raté leur penalty. Ma cousine, qui regardait le match avec moi, n'a pu s'empêcher, pour me narguer, d'affirmer que, si la France avait été éliminée, c'était de la faute de Six. Nous nous étions fâchées, et même battues ! Je criais :

– Il a raté le premier penalty, c'est vrai ! Mais c'est justement là que Bossis devait tout faire pour ne pas rater le sien à son tour !

Je me souviens aussi que tout cela s'était terminé par une correction en règle de la part de mon père...

*

Mais revenons à Ploudaniel...

C'est Gilles qui me raconte l'histoire de cette équipe dans laquelle jouait Jacques.

– J'avais organisé, ici, un match de foot opposant l'équipe de Ploudaniel à mon équipe de Cinéquanon, la société de production de Jean Yanne. C'était en 1977. Il y avait du beau monde, dans cette équipe que j'avais créée et que j'entraînais, et dans laquelle je jouais. Regarde la photo, en plus de Jacques tu y reconnaîtras, entre autres, André Dussolier, Francis Perrin, Patrick Bouchitey, Jean-Claude Bouttier, Jean-François Balmer, Jacques Spiesser, Daniel Moosman, Jacques Vendroux.

Je ne les reconnais pas tous d'emblée... car les années ont passé ! Gilles continue :

– Michel Hidalgo était l'entraîneur du *team* tricolore à cette époque, comme tu le sais. C'était un ami et il avait tenu à nous rejoindre pour jouer dans mon équipe.

Et Jacques ajoute :

– Et je peux te dire, Seny, qu'avec Hidalgo c'était du sérieux : avant le match, dans les vestiaires, il nous avait fait un de ces speechs ! Comme pour une rencontre entre pros ! Tu te souviens, Gilles ?

– Tu parles ! Comment oublier ça ? C'est alors qu'il m'avait fait la promesse suivante : si l'équipe de France se qualifiait pour le championnat du monde en Argentine, il s'engageait à lui faire rencontrer mon équipe Cinéquanon... avec, tout de même, un handicap de dix buts ! Je dois dire que ça n'a pas suffi, car ils nous en ont mis onze !

Jacques et Gilles se regardent alors sans rien dire. Je vois passer dans leurs yeux toute l'émotion qu'ils éprouvent à ce souvenir. Un temps, et Gilles poursuit :

– Le match a eu lieu à Saint-Germain-en-Laye et, tiens-toi bien, Seny, tu ne devineras jamais qui a donné le coup d'envoi.

Il y a de la malice et de la tendresse dans le regard que Jacques me jette à ce moment. Et Gilles me dit :

– C'est Caroline de Monaco.

Là, je dois avouer que ça m'a fait un choc. Et, une fois de plus, toute mon enfance m'a déferlé dessus. Ma famille de cœur, la photo qui m'a aidée à survivre. C'en était trop. Je me suis excusée et suis sortie un moment respirer un grand bol d'air breton, le temps que les flots d'émotion refluent. Jacques m'a rejointe, m'a serrée contre lui sans rien dire. Et nous sommes rentrés.

Nous continuerons à parler sport longtemps. Les souvenirs sont tellement nombreux, tellement forts, pour les deux amis, qu'ils sont vraiment intarissables. Ils racontent longuement combien ils ont aimé jouer au basket ensemble, avec Roger Hanin, André Dussolier, décidément de tous les coups, Pierre Massimi, et bien d'autres.

*

Après le repas, nous prenons un verre, bien calés dans nos fauteuils. Martine propose à Gilles :

– Et si tu nous mettais un peu de musique ?

Il fouille dans ses piles de disques et, au bout d'un moment, lance à Jacques, tout en posant un vinyle sur la platine :

– Tu te souviens de ça ?

Et là, à ma grande stupéfaction, j'entends la voix de Jacques. Il dit un sketch, devant un public sous le charme, si j'en crois les applaudissements.

Ce que nous a fait écouter Gilles, c'est *Le Poète déchiré*, un texte qui faisait partie de son spectacle donné aux Blancs-Manteaux [1], en 1977. Et ça se terminait ainsi :

« À quoi bon... se déchirer davantage... c'est bien hier, je crois, que tu me déchiras ma chemise... Et puis aujourd'hui... mon pantalon... Et demain que me déchireras-tu, mon blouson ? Ça non !... Je ne le supporterais pas... Si nous continuons à nous déchirer davantage, nous n'aurons plus rien... à nous mettre !!! »

Jacques sourit :

– Tu as ce disque ? C'est incroyable. J'avais quasiment oublié ça.

Gilles précise :

– Il n'y a pas seulement ce disque. Tu en as fait trois !

Et, après quelques recherches, il nous sort les deux autres vinyles. Jacques les regarde, recto, verso : les photos, les titres... D'abord, le disque des Blancs-Manteaux, en 1977, puis celui du spectacle de Bobino [2], en 1980, et le dernier, enregistré lors de sa tournée de 1981 [3]. Il y a de la nostalgie dans l'air !

J'interroge Jacques :

– C'est toi qui écrivais tes textes ?

– Quelques-uns seulement.

1. Disque 33 t, « Jacques Villeret », Barclay 900533.
2. Disque 33 t, « Jacques Villeret. Bonjour l'ambiance », Spalax 6831.
3. Disque 33 t, « Jacques Villeret à Bobino », Barclay 960024.

Et il ajoute, en venant déposer les disques sur mes genoux :

– Tiens, regarde : il y a des textes de moi, celui qu'on vient d'écouter par exemple. D'autres sont de Jean-Michel Ribes... Tu vois, on n'a pas attendu Jeffrey Bernard pour travailler ensemble ! Il y a aussi Jean-Loup Dabadie, qui m'en a écrit pas mal. Et Pierre Louki, quelques-uns... Il faudra qu'un jour je te présente Louki, simplement pour que tu puisses imaginer le couple que nous formions sur scène... car nous avons joué ensemble une de ses pièces...

Et le voilà qui me raconte Louki, qu'il compare à un grand échassier, sportif lui aussi, mais coureur à pied... Il y a beaucoup de tendresse dans tout ça !

Je savais que Jacques avait eu du succès, à Bobino et ailleurs, avec des spectacles d'humour mais je ne connaissais pas l'existence des disques qui me permettront maintenant de revivre ces moments datant de plus de vingt ans. Pour cela aussi, merci Gilles !

Mais ce n'est pas fini. Voici venir le coup de grâce. On peut même dire le coup de Grace. Car Gilles me dit :

– Attention, Seny. Je voudrais bien te faire écouter quelque chose, mais promets-moi de ne pas pleurer.

Je ne suis plus à une surprise près et je réponds :

– Je ferai de mon mieux !

Et Gilles me met entre les mains la pochette d'un 33 tours. Je reconnais le beau, le doux visage tant aimé de Grace de Monaco. Qu'il se rassure, je n'ai plus envie de pleurer, c'est une espèce de bonheur ineffable qui m'envahit, tout de tendresse et de sérénité. Et je vais maintenant pouvoir écouter sa voix... C'est un disque sur lequel la princesse raconte une histoire : *L'Oiseau du Nord et l'Oiseau du Soleil*, une face en français, une face en anglais [1]. Jacques, qui découvre la pochette avec moi, me prend la main, la serre très fort et me glisse à l'oreille :

– C'est peut-être toi, l'oiseau du soleil...

Je crois qu'à ce moment tout cela commence à faire trop, et je demande à Gilles :

– Tu veux bien que je l'écoute un peu plus tard ?

1. Disque 33 t, ADES, « Le petit ménestrel », référence ALB-6004 (histoire de Pierre Grosz, musique de Jean-Pierre Stora).

Bien sûr qu'il voulait bien : il n'a même pas répondu, se contentant de son bon sourire.

C'est plus tard, en pleine nuit, que je l'ai écouté, ce disque. Je n'arrivais pas à m'endormir. Trop d'émotions, sans doute. Alors je me suis levée sans faire de bruit, sans même allumer, de peur de réveiller Jacques. Je suis descendue à tâtons jusqu'au salon où, après avoir trituré quelques boutons, j'ai pu mettre en route la chaîne.

C'est seulement alors que j'ai pleuré.

*

Et c'est le lendemain que j'ai vraiment découvert la poésie de Léopold Sédar Senghor.

Je sais, c'est étonnant au premier abord, mais si pour moi Senghor était un homme célèbre, c'est essentiellement parce qu'il avait été le premier président de la République du Sénégal. Je le connaissais à ce titre, forcément, comme tout le monde dans mon pays, et sans doute même un peu plus, en raison de la haute position de papy (sans oublier les désaccords qu'ils ont eus !), mais je dois avouer que j'étais peu familiarisée avec sa poésie.

Gilles est un artiste. Entre autres talents, la poésie est un domaine qui le passionne et dans lequel il excelle. Et, de manière générale, je peux dire que les livres, c'est sa vie. Une des surprises que j'ai eues en arrivant chez lui a été de découvrir sa bibliothèque. Je pense n'avoir jamais vu tant de livres chez quelqu'un.

Le lendemain, donc, il parle poésie et littérature avec Jacques, également grand lecteur devant l'Éternel. Le voilà qui se lance dans la recherche d'un livre. Visiblement, il a du mal à le trouver et marmonne :

– Je manque de place... Je n'arrive plus à ranger... Ah, ça y est !

Il a entre les mains un petit livre à couverture noire. Il me le montre :

– Senghor : *Chants d'ombre*, *Hosties noires*. Tu connais ça ?

– Non.

Il le feuillette quelques instants, s'arrête soudain et tend le volume à Jacques, lui indiquant un texte du doigt, et il ajoute à son intention :

– Tu pourrais lire ça ?

Jacques parcourt rapidement le texte des yeux, puis les lève vers moi et me dit :

– Écoute, Seny… Écoute Senghor.

Et il lit :

Femme nue, femme obscure
Huile que ne ride nul souffle, huile calme aux flancs de l'athlète, aux flancs des princes du Mali
Gazelle aux attaches célestes, les perles sont étoiles sur la nuit de ta peau
Délices des jeux de l'esprit, les reflets de l'or rouge sur ta peau qui se moire
À l'ombre de ta chevelure, s'éclaire mon angoisse aux soleils prochains de tes yeux[1].

S'ensuit un long silence.

Et Gilles me dit, en me tendant le livre :

– C'est pour toi, Seny. Je te l'offre.

*

Les deux hommes continuent à parler de Senghor. C'est à cette occasion que j'apprends que, vers le début des années trente, il était professeur au lycée Descartes de Tours, lycée que fréquenta Jacques bien plus tard.

À mon tour, je leur apprends (ou leur rappelle, car ils en savent visiblement bien plus que moi sur mon célèbre compatriote !) que Senghor est né à Joal, donc pas très loin de Kaolack, disons une soixantaine de kilomètres, et que nous sommes de la même ethnie : tous deux sérères.

J'avais raison de penser que je n'apprenais pas grand-chose à Gilles, car il me répond :

– Ça, je le sais, et tu vas comprendre pourquoi.

Et le voilà qui se replonge dans ses piles de disques ! Cette fois, il en sort un petit vinyle intitulé *Georges Aminel dit les poèmes de Léopold Sédar Senghor*[2], et dont la pochette s'ouvre en forme de livret.

---

1. Léopold Sédar Senghor, « Femme noire », in *Chants d'ombre*, Le Seuil, 1945.
2. Disque 33 t 17 cm., VEGA, référence P37A10005.

– Tu vois, le petit extrait de texte de Senghor qui sert de présentation : « Je suis un paysan sérère du Sine... » Voilà ma source ! Et, là, regarde.

Je remarque alors que le petit portrait de Senghor, dessiné à la plume, qui orne la pochette est signé Gilles Durieux !

J'ai l'impression, à ce moment, que je n'ai pas fini de découvrir l'ami de Jacques. Et j'ai raison : avec sa femme Martine, ils me montrent par la suite combien je pourrai compter sur eux.

À ce stade de mon récit qui me fait du bien, tant il remue – pour une fois – de souvenirs heureux, je ne peux vraiment pas m'empêcher de rire en imaginant la tête de Gilles lorsqu'il découvrira ceci, premier lecteur de ce qui ne sera alors qu'un projet de livre puisque, selon la volonté de Jacques (à laquelle je souscris complètement, faut-il le préciser !), il aura en charge d'y apporter toutes les corrections nécessaires. Alors je lui glisse ici un message personnel : « Attention, Gilles, si tu tentes d'édulcorer les passages qui blesseraient ta modestie, tu auras affaire à moi ! » Fin de la parenthèse.

Alors que je range le disque que vient de me faire découvrir Gilles, afin de pouvoir l'écouter plus tard en toute tranquillité, j'entends les deux hommes éclater de rire. J'aimerais bien en profiter :

– Je peux savoir ?

C'est Jacques qui me répond, hilare :

– C'est vraiment la meilleure de la journée : Gilles Durieux qui sait tout sur le cinéma, et en particulier sur la carrière de son cher ami Villeret, vient de s'avérer incapable de répondre à la colle que je lui ai posée. C'est vrai, il est énervant, à la longue ! Alors, là ! Voilà ce que je lui ai demandé, Seny. Écoute bien. Question : Peux-tu me dire comment s'appelait le personnage que je jouais dans *Le Fils du Mékong*, film que j'ai eu l'honneur de tourner en 1991, je crois, sous la direction de François Leterrier, ça, j'en suis sûr. Et la réponse, la voilà : il s'appelait Durieux ! Ce qu'ignorait Durieux !

Il y a de l'euphorie dans l'air. On est bien...

Jacques et Gilles continuent leurs échanges de souvenirs et je me rappelle le moment où le hasard de la conversation les a amenés à parler de *Black Mic Mac*, sujet qui, bien évidemment, m'intéressait de près. Leur intérêt provient du fait que Jacques vient d'apprendre à

Gilles que le réalisateur de *Black Mic Mac*, Thomas Gilou, n'était autre que le petit-fils de Blaise Cendrars. Encore un auteur qu'ils me donneront envie de découvrir car, eux, ils semblent le connaître par cœur !

Dès que Gilles a commencé : *« Dis, Blaise... »*, Jacques a enchaîné : *« Sommes-nous bien loin de Montmartre*[1] *? »* Et, s'adressant à moi, il a dit : « Écoute. »

En ce temps-là, j'étais en mon adolescence
J'avais à peine 16 ans et je ne me souvenais déjà plus de ma naissance.

Le ton n'est plus à la rigolade. C'est Gilles qui prend le relais :

– Il faudra lire la prose du *Transsibérien*... Écoute encore.

Et ils s'y mettent tous les deux. C'est visiblement un de leurs poèmes favoris car ils le connaissent par cœur :

Du fond de mon cœur des larmes me viennent ;
Si je pense, amour, à ma maîtresse,
Elle n'est qu'une enfant, que je trouvai ainsi,
Pâle, immaculée, au fond d'un bordel.

Ce n'est qu'une enfant, blonde, rieuse et triste,
Elle ne sourit pas et ne pleure jamais ;
Mais au fond de ses yeux, quand elle vous y laisse boire,
Tremble un doux lys d'argent, la fleur du poète.

Elle est douce et muette, sans aucun reproche,
Avec un long tressaillement à votre approche ;
Mais quand moi je lui viens, de-ci, de-là, de fête,
Elle fait un pas, puis ferme les yeux – et fait un pas.

Ils sont vraiment bien ensemble, ces deux amis. Leur complicité est complète et contagieuse.

*

1. Ces extraits et les suivants proviennent de *La Prose du Transsibérien et de la petite Jehanne de France*, Blaise Cendrars.

La veille de notre départ, Jacques décide de faire le plein d'essence. Martine lui explique que nous sommes dimanche, que les pompes sont fermées, qu'il sera plus simple pour lui de faire le plein demain, en partant. Mais Jacques est têtu, j'ai déjà eu l'occasion de le dire. Et son côté angoissé reprend le dessus : demain, il veut pouvoir être tranquille, plein fait, prêt à partir. Il n'en démord pas : il faut s'en occuper sans attendre...

– Mais enfin, vous n'allez pas me faire croire qu'il n'y a pas de carburant dans le coin !

Pour calmer le jeu, Martine lui répond qu'il y a une solution : les pompes automatiques d'un centre commercial situé à quelques kilomètres.

– Eh bien, allons-y, décrète Jacques.

Et nous partons tous les quatre.

Nous arrivons à la pompe. Jacques s'inquiète une nouvelle fois :

– Ces trucs automatiques, ça marche bien ?

Martine s'empresse, avec gentillesse :

– Je t'accompagne.

Depuis la voiture où nous sommes demeurés, Gilles et moi, car en cette fin d'après-midi le temps s'est rafraîchi, les regardons tout en bavardant. Et il se passe alors une chose étonnante. Nous remarquons que Jacques semble avoir des problèmes avec sa carte bancaire et que, finalement, c'est Martine qui l'utilise à sa place, avec le code qu'il lui indique.

Je comprendrai plus tard lorsque Jacques m'expliquera qu'il lui a tout simplement été impossible de se décider à entrer sa carte dans la machine : il craignait qu'elle ne la lui rende pas. J'ai été très attristée lorsque j'ai compris, par ses explications, que ce genre de blocage lui arrivait de temps en temps. Ses problèmes financiers remontaient brutalement à la surface. On l'avait volé. Il avait peur qu'on le vole à nouveau, fût-ce sous la forme d'une machine qui lui piquerait sa carte ! Quelle tristesse !

*

Cet incident aura constitué le seul bémol de ce séjour dont je garde un grand souvenir heureux.

Je me revois embrasser Martine et Gilles, au matin de notre départ, et dire à Lukas, leur chien tibétain, avec une caresse affectueuse :

– Salut, Lukas. Si tu pouvais parler, tu en aurais, toi aussi, des choses à raconter !

*

Lorsque, sur le chemin du retour, nous repassons devant Le Mont-Saint-Michel, Jacques me dit, le sourire en coin :

– Oh, Seny ! T'as vu le beau château ?

5

Le nouveau tournage qui attend Jacques se passe à Paris. C'est un film de Jean-Pierre Mocky : *Le Furet*, dont il partage l'affiche avec Michel Serrault avec qui il a déjà joué, en 1981, dans *Malevil*.

Jacques est très excité par ce projet. L'histoire de cet artisan à double vie, serrurier et tueur à gages, lui a plu, mais ce qui l'a vraiment séduit, c'est l'idée de tourner sous la direction de Mocky. Une expérience qui lui manquait ! Je trouverai d'ailleurs le résultat à la hauteur du délire escompté. Les acteurs s'en donnent visiblement à cœur joie, Michel Serrault, Michael Lonsdale, Robin Renucci en tête. Et Jacques, bien sûr, dont une tirade me revient toujours à l'esprit lorsque je repense au *Furet*, celle qu'il adresse à Dieu, dans une église, et qui se termine par : « Moi, je ne m'occupe que des petits salauds, jamais d'enfants, jamais de femmes, jamais d'infirmes, jamais ça, c'est ma loi ! Non, uniquement la racaille, la vermine, le fond du panier, pour être toujours plus haut, plus près de vous, Seigneur. Et amen, et ainsi soit-il. Et au revoir ! »

Il m'arrivait parfois de demander à Jacques :

– Tu veux bien me faire le Furet ?

Et j'avais droit à la fameuse tirade, pour moi toute seule.

*

Ce *Furet*, il l'a vraiment voulu. Plus exactement, il tenait énormément à tourner avec Jean-Pierre Mocky, persuadé qu'il s'amuserait beaucoup. Et j'ai pu constater que, en ce domaine, il ne fut pas déçu.

Le soir, il rentrait, épanoui, semblant revivre les bons moments de la journée. Il n'en parlait pas beaucoup, pourtant. De temps en temps, cependant, il me disait des petites choses, du genre :

– Ce film, tu parles d'un délire ! Remarque que parfois la vie est encore plus bizarre que le film le plus déjanté. Actuellement, je travaille avec Michel Serrault qui campe un personnage complètement dingue. Eh bien, j'ai connu un type de ce genre : je t'assure qu'il était encore plus incroyable ! Mais le type en question, je pense qu'il était réellement dingue ! Alors que le père Serrault... Un sacré comédien, celui-là.

Et je me souviens lui avoir alors dit :

– Sacré comédien ? J'en connais un autre !

*

Nous sommes au début de l'année 2003. Un jour, sans rien lui dire, j'arrive sur le plateau. Je me cache à deux mètres de lui. Quelqu'un me dit :

– Bonjour, Seny.

Il se retourne brusquement. Je n'oublierai jamais son sourire et ses beaux yeux bleus remplis de bonheur et de surprise en me voyant. Je donnerais tout pour revoir cette scène.

Jacques, je le redis, était quelqu'un d'extrêmement timide. Mais, à ce moment, il est tellement heureux qu'il en oublie sa réserve et qu'il me prend dans ses bras devant tout le monde.

Je le serre très fort en lui disant :

– Tu me manques, mon amour chéri.

Comme à chaque fois que je lui dis cela, il me répond, en me tenant très fort contre lui :

– C'est fini, bébé. C'est fini. Je suis là.

À Paris, j'ai pu rester quelques jours chez lui, dans son appartement de la rue Marbeuf qui est devenu le nôtre car je m'y suis presque installée. Ainsi, je n'ai plus besoin de trimballer des tas de bagages à chaque voyage.

Chaque fois qu'il me voyait repartir à Lille avec un sac, il avait horreur de cela. Maintenant que je suis plus souvent à Paris, si je prépare un sac ou une valise lorsque je m'apprête à repartir, il s'inquiète :

– Pourquoi emmènes-tu tes affaires ? Que se passe-t-il ?

– Ce n'est rien, mon amour. Nous allons entrer dans l'hiver. Et ce sont des affaires d'été. Il faut que je les range pour l'année prochaine. Mais, sois tranquille : je reviens très vite avec une nouvelle valise.

*

Je viens d'écrire, une fois de plus, combien Jacques était timide. Et c'est vrai que ça faisait partie de son image. Timide, il l'était, c'est certain. Mais ce qui aurait pu constituer un handicap, il avait su en faire une qualité, car cette timidité faisait indéniablement partie de son charme !

Moi, devant cet homme qui prenait parfois un air de nounours malheureux, je fondais. Même si, de malheur, il en avait eu sa part, et largement, c'est lorsqu'il était heureux que cette allure effacée, modeste, le rendait touchant.

Évidemment, sur scène ou devant l'objectif d'une caméra, c'était un autre homme : envolée, la timidité ! Mais dans la vie de tous les jours, c'était vraiment quelqu'un qui n'osait pas. Allez savoir si sa réticence à ne pas se mêler de tout ce qui concernait l'administration, tout ce qu'il appelait « la paperasse », ne relevait pas de cela... Je me dis souvent que d'avoir toujours tout laissé aux mains des autres en est la conséquence. En ce cas, il lui doit bien des déboires, à cette fichue timidité !

Je me souviens qu'il m'avait parlé de Maurice Fanon, un chanteur dont je ne connaissais rien. Le hasard a fait que j'en reparle récemment avec Gilles Durieux, encore lui ! Il a bien sûr tenu à me faire écouter ses chansons et j'ai été émue aux larmes en découvrant *Les Timides*, chanson magnifiquement interprétée par Pia Colombo (encore une découverte, pour moi) :

Mais oui, merci, pardon, bien sûr
S'il vous plaît, non il ne faut pas
Qu'est-il au monde de plus pur
Que les choses qu'ils ne disent pas...

Il était comme ça, mon Jacques !

*

Passer d'un tournage de Jean Becker à un film de Jean-Pierre Mocky, c'est changer de monde. Adieu, hôtels confortables et bons restaurants ! Ici, Jacques partage une caravane avec les habilleuses et les coiffeurs. Mais tout se passe très bien. Tout le monde semble beaucoup s'amuser, en toute simplicité, en toute fraternité. Et je suis heureuse de constater combien Jacques sait se montrer simple.

Je me souviens d'ailleurs que, quelques jours après le décès de Jacques, Jean-Pierre Mocky a dit sur le plateau de « On ne peut pas plaire à tout le monde » :

– Je ne garde pas, contrairement à beaucoup d'autres, l'image d'un Jacques Villeret triste.

Lui, il l'a connu heureux, agréable. Il allait très bien. Je sais que j'y étais pour beaucoup.

*

Ceux qui disent que Jacques était triste et malheureux sont des gens qui ne l'ont pas vu depuis que nous vivions ensemble. Dommage qu'ils ne l'aient pas rencontré dans ces moments de bonheur. Et Dieu sait si nous en avons connu ! Il ne m'en reste que des souvenirs.

Si Jacques me disait souvent : « Écris, Seny, écris », c'était parce qu'il avait été très ému par mon histoire de petite Sénégalaise, princesse certes, mais avant tout enfant battue n'ayant trouvé que deux refuges : l'amour partagé avec son papy et celui, idéalisé, envers sa mère de cœur.

Aujourd'hui, si je continue, avec parfois des larmes dans les yeux, c'est parce que je veux que ces souvenirs demeurent. Tant pis si tout ça se termine mal. Peut-être faut-il payer très cher le bonheur.

Je continue, donc. Vaillamment. Sans grand souci de chronologie. Je n'écris pas notre journal. Je me remémore des moments de vie...

*

Avant le tournage du *Furet*, Jacques m'avait parlé avec admiration de Francis Veber. Il était épaté par ses scénarios. Il m'expliquait avec enthousiasme comment Veber avait écrit *Le Dîner de cons*, me disant d'ailleurs que, lorsqu'il l'avait lu, il s'était dit qu'il faudrait deux très grands acteurs pour le jouer. Il y voyait bien Depardieu-Clavier ou Réno-Clavier. Était-il à ce point modeste pour ne pas s'envisager lui-même au générique ? Et comment imaginer aujourd'hui *Le Dîner de cons* sans Villeret ? Toujours est-il qu'un des tandems qu'il avait pressentis se constituera un peu plus tard, ou presque, puisque Francis Veber réunira Depardieu et Réno dans *Tais-toi !*

Jacques manifestait une admiration particulière envers quelques artistes. Jean-Claude Brialy et Julien Clerc, par exemple.

Un jour, je lui ai dit que j'adorais *Femmes, je vous aime.* Il m'a demandé si je connaissais le reste du répertoire de Julien Clerc. Je lui ai dit que non. Il m'a alors répondu :

– Bébé, il faut que tu ailles demain à la Fnac. Tu achèteras les CD de Julien Clerc. Prends aussi les livres de Brialy. Peut-être ne trouveras-tu pas la totalité, mais je voudrais tout de même que tu les lises... Pour Julien, tu verras que Dabadie lui a écrit de très beaux textes.

Pour autant, c'étaient des artistes qu'il ne fréquentait pas beaucoup et je n'arrêtais pas de lui demander pourquoi il ne cherchait pas à rencontrer ces gens qu'il aimait, qu'il admirait, même pour un simple déjeuner ou un dîner. Il n'avait pas de vraie réponse. Encore un effet de sa timidité ?

Mais je pensais aussi à d'autres rencontres. J'ai plus d'une fois tenté de lui faire oublier la fâcherie familiale qui avait réduit à néant ses relations avec sa mère et sa demi-sœur. Il m'avait expliqué les raisons pour lesquelles il ne les voyait plus. Par respect pour lui, je n'en dirai pas davantage : ce livre n'est pas un règlement de comptes.

Il me faudra du temps pour parvenir à les rabibocher. J'y reviendrai.

*

Un jour, Jacques m'appelle pour me demander si je peux me libérer pour venir passer le week-end chez Thierry, son ami d'enfance, à Saint-Omer. Là, je me suis dit : il va en profiter pour passer à Lille. C'est tout près. C'est du Jacques, ça : j'ai traversé la France à plusieurs reprises pour aller le rejoindre et lui, cette fois, à deux pas de chez moi, me demande de venir vers lui ! Mais j'y suis allée, bien sûr. Avec joie.

Arrivé à Saint-Omer, il m'appelle :

– Bébé noir, bébé blanc est arrivé.

Il se nommait ainsi, parfois. Moi, j'aimais bien qu'il m'appelle bébé noir, mais pas trop l'inverse.

Mon train arrivait à Saint-Omer à midi. Je ne sais pas si j'avais la tête ailleurs mais toujours est-il que, lorsque je me suis rendu compte que j'étais arrivée, le train redémarrait. J'ai juste eu le temps d'apercevoir Jacques et Thierry qui m'attendaient sur le quai de la gare.

Aussitôt, mon téléphone sonne. C'est Jacques :

– T'es où ?

– Dans le train. J'ai raté mon arrêt.

Comme d'habitude il s'inquiète pour rien.

– Mais ce train, il t'emmène où ? Qu'est-ce qu'on va faire ?

C'est Thierry qui a pris le téléphone pour me dire :

– Seny, descend au prochain arrêt. On est là dans dix minutes.

Tout s'arrange, et je vois arriver Jacques dans sa CX verte. Nous sommes, comme toujours, très heureux de nous retrouver, mais devant les gens, nous sommes la discrétion même.

Et nous arrivons chez Thierry et Marianne : une maison décorée avec goût dans laquelle nous attend notre chambre. Le soir, ils nous invitent pour un dîner dans un magnifique restaurant. On passe une belle soirée et une bonne nuit.

Le lendemain, je repars pour Lille. Pour la première fois, Jacques m'accompagne : je vais enfin pouvoir le présenter à mes enfants. Ils ont hâte de le rencontrer, tant je leur en parle à chaque fois que je les délaisse un peu pour aller le rejoindre !

Évidemment, je suis tout de même un peu stressée : et si ça ne se passait pas bien ? Mais j'ai tort de m'en faire, tout va pour le mieux. Jacques fait preuve d'une gentillesse toute naturelle à leur égard et je vois qu'eux aussi sont séduits par lui. Nous les emmenons au restaurant, à midi, et passons l'après-midi ensemble. Encore un bon souvenir !

En fin de journée, nous revenons à Saint-Omer où nous terminons un séjour très agréable. Mais le lendemain, les adieux sont bien tristes. Il regagne la Normandie, et moi Lille. Je me console en me répétant qu'il m'aime, que je l'aime et que nous finirons par vivre ensemble, que rien ne pourra nous en empêcher.

Nous en parlons de plus en plus mais, d'un commun accord, estimons que c'est trop tôt pour les enfants. Mes allers-retours se poursuivent donc et je le retrouve tantôt en Normandie, tantôt à Paris.

*

Un jour, il m'annonce :

– Bébé, réserve ton samedi. Nous sommes invités à un grand dîner.

Le casse-tête du choix de la toilette commence pour moi. Il me dit :

– Tu sais, plus personne ne s'habille aujourd'hui pour ces dîners.

Je comprends bien vite qu'il veut que je porte encore un tailleur-pantalon, tenue idéale à ses yeux !

Le soir en question, je le trouve songeur. Soudain, il me souffle :

– Bébé, fais gaffe, il y aura des photographes...

Je ne comprends pas le sens de sa remarque :

– Jacques, voilà plusieurs fois que tu me conseilles de me méfier des photographes. Je suis avec toi, je t'aime et je ne vois pas pourquoi je devrais m'en cacher.

– Je veux juste te protéger de mon ex-femme.

– Mais Jacques, tu deviens parano ! Pourquoi veux-tu que cette femme me fasse du mal. Et si elle essaie, crois-moi, je sais me défendre.

Il n'insiste pas et nous arrivons au dîner organisé dans un grand palace parisien par la maison Marionnaud dans le cadre d'une soirée de bienfaisance au profit de la lutte contre le cancer. Les photographes sont nombreux et je me fais aussi discrète que possible pour tenir compte de la remarque de Jacques. Inutile de lui gâcher la soirée !

Il me présente quelques personnes dont Nathalie Baye qui lui demande :

– Tu vas bien ?...

Ces quelques mots, je les ai entendus à de nombreuses reprises, au début de notre relation. Je lui ai demandé pourquoi on lui posait si souvent cette question. Il m'a répondu :

– Il y a quelque temps, j'allais très mal. Et puis, tu es arrivée...

Première belle surprise, j'aperçois Mouna Ayoub. J'ai toujours eu de l'admiration pour ces gens qui, comme elle, sont partis de rien, ont galéré et réussi. Je crois que c'est une bonne leçon de vie. J'ai aimé sa biographie *La Vérité*[1]. Je la salue et lui dis bravo pour son livre qui m'a profondément touchée. La conversation entre nous est des plus chaleureuses et nous échangeons nos adresses.

Je bavarde aussi avec Pierrette Brès, journaliste spécialiste des chevaux. Elle porte une robe longue, très jolie. Je remarque d'ailleurs que, contrairement à ce que m'avait annoncé Jacques de façon quelque peu péremptoire, beaucoup de femmes arborent des tenues très habillées, des robes de soirée...

Mais la grande émotion de la soirée, celle qui marque à jamais mon souvenir, est la présence des petits-enfants de ma mère de cœur : Andréa et Charlotte. Je les regarde, je me dis : « Qu'ils sont beaux ! »

Ils sont à un mètre de moi. Mon Dieu, je me trouve dans la même soirée de gala que les petits-enfants de ma mère de cœur. J'ai peine à y croire. Je pourrais leur parler, mais je ne le fais pas. C'est elle que j'aurais voulu voir. J'aurais tant aimé qu'elle soit là, en compagnie de ses si beaux petits-enfants. Et, pendant quelques instants, je ne suis plus dans ce palace parisien mais à Kaolack, serrant sur mon cœur la photo tant aimée, si souvent baignée de larmes.

Jacques me rejoint. Je reviens à la réalité.

– Bébé, tu vas bien ?

– Oui, mon amour.

*

Nous sommes en décembre 2002. Je suis triste et malade à l'idée que Jacques puisse passer la soirée du 24 tout seul.

---

1. *La Vérité*, Mouna Ayoub, J'ai Lu, 2001.

– Ne t'inquiète pas, bébé. Il y a bien longtemps que je ne passe plus ces fêtes normalement. Soit je joue, soit je suis à l'hôpital, seul.

Je propose à Jacques que l'on fête Noël en avance, à Lille, avec les enfants.

Le 20 décembre, je prépare cette soirée avec amour. L'arbre de Noël, les cadeaux, le repas : tout est prêt pour attendre notre invité d'honneur qui arrive en fin d'après-midi. Il a réservé une chambre d'hôtel pour la nuit. Comme nous ne sommes pas mariés, il nous semble inconvenant de partager ma chambre, chez moi, les enfants étant là. J'ai donc prévu de le rejoindre plus tard à son hôtel.

Vient le moment de l'apéritif et, surtout, des cadeaux. Jacques en a apporté des tas. De plus, sa gouvernante a confectionné de magnifiques gâteaux à notre intention. Je suis touchée par ce geste. Je comprends que c'est sa façon de me dire qu'elle est avec moi. Elle est le témoin privilégié du bien que je fais à Jacques. Dès qu'elle a vu que je n'étais pas un danger pour lui mais que, au contraire, il allait mieux depuis que j'étais apparue, elle m'a aidée à m'installer dans sa vie. Nous avons noué des relations confidentielles qui durent.

Jacques est ravi : les cadeaux qui lui sont destinés arrivent directement du Sénégal. Ce sont de beaux objets d'artisanat local. De plus, pour le repas, j'ai commandé deux grands plateaux de fruits de mer. Il adore ça.

Mes plus grands enfants, Honda et Marine, sont un peu intimidés. Après tout il s'agit seulement de leur deuxième rencontre et celle-ci, compte tenu des circonstances – le repas de Noël, même en avance –, est un peu plus cérémonieuse que la précédente.

Margaux, quant à elle, est bien trop petite pour se poser le moindre problème : elle est très nature et Jacques l'aide à décortiquer ses crevettes. Après le dessert, j'appelle ma mère, à Saint-Louis. Jacques est toujours content de l'avoir au téléphone, même si elle ne parle que très approximativement le français.

Vers 11 heures, la nounou arrive pour veiller sur les enfants et nous partons dormir à l'hôtel. Une fois couchés, Jacques me dit :

– Merci, bébé. C'était très bien. Et je suis fier de toi, de la façon dont tu as élevé tes enfants, toute seule. Et Margaux est marrante.

Il passe la journée suivante avec nous et je le raccompagne à la gare. Comme nous ne voulons pas nous embrasser devant les gens, nous avons pris l'habitude de nous tendre les mains. Il serre les miennes très fort en me disant :

– Bébé, tu vas me manquer !

– Je sais. Toi aussi, mon chéri. Mais le 25, c'est moi qui viendrai te réveiller de ta sieste avec un gros câlin.

Pour la première fois, en quittant la gare, je pleure de tristesse.

Cet homme, qui a de la famille, qui a des milliers, des millions de gens qui l'aiment, va passer le soir de Noël tout seul... Je voudrais me couper en deux pour être avec lui...

Heureusement, en fin de compte, il a dîné ce soir-là avec un couple d'amis : « Encore un bon signe », ai-je pensé. Au moins, il n'était pas seul.

Le 25 décembre, cap sur Paris. À 15 heures, je suis chez lui. Il dort. Je me déshabille et je me glisse doucement sous les couvertures. J'ai décidé de le laisser dormir encore un peu avant de le serrer dans mes bras. Au bout de cinq minutes, il se réveille et me regarde, comme surpris.

– Oh, mon bébé noir, tu es donc arrivée ?

C'est un bon Noël.

*

Nous passons quelques jours merveilleux ensemble : petits dîners au restaurant, promenades, quelques invitations. La vie de couple, tout simplement.

Michèle Laroque et Pierre Palmade nous ont invités à la dernière représentation de leur grand succès, *Ils se sont aimés*, pour le 31 décembre. Des invitations, Jacques en avait d'autres, mais il préférait, et de loin, aller applaudir Michèle et Pierre.

– Tu vas voir, bébé, ce sont des gens très sympathiques.

Une fois de plus, Jacques m'a pris par les sentiments pour que je porte le tailleur-pantalon noir à rayures qu'il adore. Je pense que c'est, tout simplement, parce que je le portais le soir de notre première rencontre.

Comme d'habitude, nous arrivons en avance. Il n'y avait pas que des points d'accord entre nous ! Il avait horreur d'arriver en retard et moi d'être en avance.

Michèle et Pierre nous reçoivent très gentiment, au Zénith. Moi, dans ces cas-là, lorsque je sais que Jacques me présentera à des célébrités, je suis toujours impressionnée. En réalité, je crains que les amis de Jacques ne m'aiment pas.

On nous guide vers les places qui nous sont réservées. J'entends des commentaires :

– Tu as vu ? C'est Villeret !

Plus étonnant :

– Mais c'est Naomi Campbell qui l'accompagne !

– Mais non, ce n'est pas elle...

Tout ça me fait sourire : la salle est dans la pénombre et mon visage est à moitié caché par mes longs cheveux.

Mais, arrivés à nos places, Jacques me glisse à l'oreille :

– Alors, Naomi, ça va ?

Ça nous fait bien rire.

Après la représentation, nous nous retrouvons dans une grande salle, pour le repas. J'ai l'impression de connaître tout le monde. En réalité, il s'agit de visages que j'ai souvent vus dans les magazines.

À table, je suis face à Jacques et Michèle. J'ai à mon côté un certain Bob, un Américain qui me parle du Sénégal, de notre ancien président Léopold Sédar Senghor, de notre culture, du cinéma sénégalais et surtout d'un film culte que je connais, mais sans doute pas aussi bien que lui : *Le Mandat.* Il est ravi de pouvoir en parler avec moi :

– Vous connaissez son auteur, Ousmane Sembène ?

– Je connais l'écrivain.

– C'est le même : écrivain mais également cinéaste.

– Sembène est une célébrité chez nous. Son livre *Les Bouts de bois de Dieu* est un classique, au Sénégal.

Cette conversation m'a fait chaud au cœur. C'était un vrai cadeau de constater que la réputation des artistes sénégalais était une réalité. En l'occurrence, je me sentais toute petite, devant cet Américain qui, sur ce terrain, en savait autant que moi sur mon propre pays ! Je me demande si Bob a su le plaisir qu'il m'avait fait à me parler ainsi de mon pays.

*

Fin de ces retours en arrière : le dîner achevé, nous sommes rentrés tranquillement car Jacques commençait le tournage du *Furet*, avec Jean-Pierre Mocky, le 3 janvier 2003.

6

Après le tournage du *Furet*, Jacques a enchaîné avec le film de Gilles Legrand, intitulé *Malabar Princess*. Jacques finissait le dernier plan du film de Mocky alors qu'une voiture nous attendait pour nous emmener à Chamonix, sur le plateau de *Malabar Princess*.

Avant de connaître Gilles Legrand, je l'avais défendu bec et ongles. En effet, alors que *Malabar Princess* en était au stade de projet, une personne avait semé le doute dans l'esprit de Jacques. Il ne répondait plus à Gilles au téléphone. Je n'irais pas jusqu'à affirmer que c'est grâce à moi que Jacques a finalement fait ce film, mais je sais que j'étais là au bon moment et, comme c'était un pro et qu'il aimait son métier, il avait renoué contact avec Legrand.

J'ai souhaité travailler en tant qu'aide-habilleuse sur le tournage du film, mais Jacques n'a pas voulu. Si j'insistais, il se mettait en colère. Son argument principal était qu'il ne connaissait pas personnellement les producteurs. Il m'expliquait :

– Si c'était Christian Fechner, ce serait sans problème, j'en parlerais à Hervé Truffaut, qui travaille avec lui, et on arrangerait ça.

Je suis têtue, comme je l'ai déjà dit, et un peu plus tard je l'ai pris par les sentiments :

– Jacques, tu verras, ce sera superbe. On sera ensemble.

– Bébé, si je ne veux pas que tu travailles dans ce film, c'est pour te protéger. Le métier d'habilleuse est très dur. Je préfère que tu sois avec tes enfants et que tu viennes me voir de temps en temps.

À têtue, têtu et demi : sur ce coup-là, il est demeuré inébranlable.

Le film s'est tourné en deux parties, la première l'hiver et la seconde l'été. Il m'a proposé d'emmener les enfants pour la partie estivale.

Dans *Malabar Princess*, Jacques partage l'affiche avec Michèle Laroque, Claude Brasseur, Clovis Cornillac et le petit Jules.

Pour les besoins du film, Jacques joue un grand-père moustachu, à la fois paysan et conducteur du tramway du mont Blanc. Il sait nous émouvoir au travers de l'évolution de sa relation avec Tom, son petit-fils citadin, perturbé par la disparition de sa mère en montagne. Et c'est une bien belle histoire que celle de ce petit garçon par qui les secrets se libéreront, comme émergent du glacier les morceaux de l'épave du *Malabar Princess*, l'avion d'Air India qui s'est écrasé là, il y a cinquante ans.

Jacques campe merveilleusement son personnage à la fois rustre et tendre. Et, dans sa relation avec le gamin, je ne peux pas ne pas percevoir un regret qui le taraude, et sur lequel je reviendrai : celui de n'avoir pas lui-même été père.

Nous étions bien installés, une nouvelle fois, dans un très bel hôtel. Il faisait très froid. J'ai lié connaissance avec toute l'équipe de Gilles Legrand, le réalisateur, celle de Frédéric Brion, le producteur, et tous les comédiens. Michèle Laroque, je la connaissais déjà, et j'ai eu grand plaisir à la retrouver. Ce tournage s'est très bien passé. Encore un bon souvenir à garder.

*

Nous rentrons à Paris et je reprends mes allers-retours entre Lille, Paris et la Normandie.

Depuis que je connais Jacques, il me parle sans arrêt de ses problèmes avec son ex-femme, de leur séparation, de leur divorce... Je l'ai beaucoup écouté, mais à la longue il m'a vraiment saoulé avec ce divorce. Un jour, je lui ai dit gentiment mais fermement :

– Jacques, tu es jeune, tu es un immense acteur. Tu as du boulot et tu m'as, moi... Alors regarde devant toi et fonce...

Et c'est exactement ce qu'il a fait. Il a enfin commencé à prendre en main ses problèmes personnels et financiers. Il était tellement imprégné de ces histoires, qu'il traînait comme un boulet attaché à sa personne par une chaîne dont il aurait perdu la clé, qu'il n'en revenait pas d'avoir enfin réagi.

– Tu sais, bébé, avant de te connaître, je ne voulais rien régler. Je me contentais de laisser courir et de faire le con. À présent, je veux tout régler pour que l'on soit tranquille.

C'est une situation totalement nouvelle. Même la gouvernante s'en aperçoit, et ça ne fait que lui confirmer ce qu'elle avait mis quelque temps à mettre à mon crédit. Elle a vu et compris que j'aime Jacques, que je lui fais du bien. De mon côté, je la respecte. J'admire son courage, loin de sa famille, toute seule dans cette grande maison. La solitude, je sais combien c'est difficile, même si on gagne bien sa vie, ce qui était son cas. Et puis, je n'ai jamais cherché à me prendre pour la maîtresse de maison. Je n'aurais eu, de toute façon, aucun intérêt à me brouiller avec elle parce que si quelqu'un connaissait Jacques, c'était bien elle. Notre bonne relation se traduisait par une réalité simple : en nous entendant bien, nous conjuguions nos forces pour l'aider.

*

Il voulait que j'aille en Normandie pour mon anniversaire du 10 avril. Je l'ai d'abord fêté avec mes enfants, à Lille, et je suis partie le rejoindre. Comme toujours, les retrouvailles sont pleines de joie.

Si j'avais pu savoir, j'aurais filmé ces moments-là.

Après le déjeuner, il me dit :

– Viens, bébé, on monte.

Il me tient par la main. On entre dans la chambre. Je vois un magnifique paquet-cadeau.

– C'est pour toi, mon bébé.

Je l'ouvre. C'est un superbe ensemble de lin beige Max Mara.

Il fallait voir Jacques, comme il était heureux de me faire plaisir. De me remémorer ces instants suffit à affirmer, encore et encore, combien j'aime et aimerai toujours cet homme au regard bleu.

*

Début juin, nous repartons à Chamonix pour la deuxième partie du tournage de *Malabar Princess* avec l'ami Jo.

J'apprécie chaque jour davantage Michèle Laroque, qui fait partie de ces actrices encore plus belles au naturel qu'à l'écran. Je m'occupe de Jacques, de son linge, de ses courses. Le soir, après le tournage, nous nous retrouvons tous ensemble pour dîner.

Je fais la connaissance d'Isabelle, la chef maquilleuse, et de Patrick Villain. Deux personnes formidables que je souhaite garder comme amis, comme ils l'étaient pour Jacques.

Parfois, j'accompagne Jacques sur les lieux du tournage. Il me dit alors de bien faire en sorte que nos regards ne se croisent pas quand il joue !

7

Comme Jacques a l'habitude d'allumer ensemble télé et radio, c'est toujours un peu la cacophonie ! Un matin de 2003, alors que nous nous apprêtons à prendre le petit déjeuner, je lui dis :

– Je crois avoir entendu ton nom à la radio.

– Pourquoi veux-tu qu'on parle de moi ? me répond-il.

Une heure plus tard, Nicole Herbaut de La Motte, son attachée de presse et amie, l'appelle afin de le féliciter pour sa Légion d'honneur.

Il vient alors m'annoncer :

– Tu avais raison pour la radio, bébé, je vais être décoré de la Légion d'honneur.

Il est d'autant plus content qu'il recevra cette distinction en même temps que Jean Becker.

Je me dis que, pour un tel événement, il faut absolument que Jacques invite ses parents et sa demi-sœur. Il me reste encore quelques semaines pour réussir à le convaincre.

Jacques lance ses invitations.

Bien sûr, elles tournent toutes autour du monde du cinéma. Il me dit que, ce jour-là, il me présentera Claude Lelouch et Jean-Claude Brialy.

– Lelouch, dit Jacques, est un génie. Il manie la caméra comme personne et est capable de changer en un tour de main tout un pan du scénario ! J'ai beaucoup tourné avec lui, et j'espère que ce n'est pas fini. Nous nous comprenons au quart de tour quand nous travaillons, et sommes devenus de vrais amis. Quant à Jean-Claude Brialy, j'ai aussi beaucoup d'admiration pour lui. Non seulement pour le comédien mais également pour le metteur en scène. Il m'a dirigé dans *Georges Dandin*, un téléfilm dont je suis très fier.

Début mars, trois jours avant la cérémonie qui doit se dérouler au ministère de la Culture, car c'est le ministre lui-même, Jean-Jacques Aillagon, qui lui remettra la distinction, je lui dis qu'il ne doit pas oublier qu'il a une famille et que c'est peut-être le meilleur moment pour qu'il se réconcilie avec sa mère. J'insiste : sa mère serait certainement très fière d'être là.

Sa gouvernante est du même avis que moi.

Mais il n'y a rien à faire :

– Seny, me dit-il, laisse tomber. Je t'ai déjà dit que ma famille à moi, c'était le cinéma.

Le jour J arrive. Je suis déçue et mécontente de n'avoir pu le convaincre d'inviter au moins sa mère. Je suis encore plus fâchée quand nous arrivons au ministère de la Culture, car je reconnais la mère de Jean Becker dans la foule. Je lui fais remarquer que Becker, lui, a invité sa maman. Il me répond :

– Seny, tout le monde est content, sauf toi... Arrête de m'emmerder, sinon tu rentres à Lille.

La discussion est close. Je rumine ma déception, un peu à l'écart. Madame Toubon vient alors vers moi, me parle avec beaucoup de gentillesse. Elle demande même aux photographes de me prendre en photo avec Jacques.

Malgré tout, c'est une belle cérémonie. Je suis très fière, pour Jacques.

Nous terminons la soirée au restaurant en compagnie de Philippe de Broca, avec qui il s'apprête à tourner *Vipère au poing*, de Gilles Durieux, qui est venu de Bretagne, accompagné de son épouse Martine et de son fils Jérémie. Il y a aussi Thierry, l'ami d'enfance de Jacques, et sa femme Marianne. C'est également à l'occasion de ce repas que j'ai le plaisir de rencontrer François de La Motte et son épouse Nicole, femme chaleureuse qui, très souvent, couvrait Jacques de petits mots très gentils.

Impossible de quitter le restaurant lorsque Jacques a décidé le contraire. On peut dire que sa Légion d'honneur aura été copieusement arrosée ! Nous rentrons enfin : il est 4 heures du matin...

*

Le lendemain après-midi, ma mère me téléphone. Je bavarde avec elle et je raccroche. Jacques me demande :

– Pourquoi ne me l'as-tu pas passée ?

– Commence par appeler la tienne ! Ensuite je te passerai la mienne.

Nous nous sommes disputés très fort. On a eu des mots très durs. Sa gouvernante m'avouera plus tard que, ce que je lui avais dit ce jour-là, pas une seule femme n'en avait osé le quart. Mais la différence que j'ai avec ses autres compagnes, c'est que je ne suis pas simplement de passage. Je l'aime. Je veux l'aider à reconstruire sa vie avec moi. Ce n'est pas un comédien avec qui j'ai une liaison, mais l'homme de ma vie.

Je rentre à Lille, le cœur brisé. Il me téléphone en me disant que je l'ai abandonné comme les autres. Une nouvelle fois, il ne va pas bien du tout.

Thierry, son ami d'enfance, et sa femme, informés de la situation, vont alors le chercher pour le ramener avec eux jusqu'à Saint-Omer où ils s'occupent très bien de lui. Je suis vite allée les rejoindre. Il est content de me voir et m'avoue qu'il a eu peur de me perdre. On passe quelques jours chez eux. La bonne humeur est revenue : Jacques aime se trouver avec Thierry et Marianne. Ils nous ont, une nouvelle fois, fait rire aux éclats en nous racontant leurs souvenirs de potaches et comment ils faisaient tourner en bourriques leurs professeurs.

*

Nous aurons plusieurs fois l'occasion de rendre visite à ces amis de Saint-Omer où Jacques vient parfois recharger ses accus quand il passe des périodes difficiles. Son copain d'enfance travaille à la célèbre cristallerie d'Arques, et il est arrivé que nous soyons chez lui alors qu'était organisée une vente exceptionnelle. Nous faisions alors des tas d'achats. Jacques avait choisi avec un soin particulier, et beaucoup de goût, tout un ensemble de verres à whisky et de coupes à champagne. Il me disait que tout cela était réservé à notre nouvelle maison.

On dit souvent que les hommes n'aiment pas beaucoup faire les magasins en compagnie de leur femme. Jacques adorait ça : il aimait tout particulièrement flâner dans les rayons des librairies, ce qui est naturel pour le grand lecteur qu'il était.

C'était un fervent amateur de biographies. Il me disait :

– J'aime bien savoir qui sont vraiment les gens dont on connaît le nom sans bien savoir quelle vie se cache derrière.

Il lisait aussi les philosophes et je dois dire que ça m'épatait. Alors il me disait :

– C'est fou ce qu'on peut trouver dans ces bouquins. Tu sais, je n'ai aucune formation en ce domaine, mais je suis curieux. Parfois, je laisse tomber car je n'y comprends rien. Mais ce qui m'intéresse, ce qui m'amuse, c'est de tomber sur une pensée, une formule, un aphorisme qui fait tilt !

Et il citait volontiers en exemple Aristophane :

– Il a écrit un truc qui me touche complètement, car je pense que ça s'applique parfaitement au cinéma. C'est : « L'âme ne pense jamais sans images. » Formidable, non ?

Et donc, les librairies, il aimait ça. Si, en plus, on y trouvait un secteur papeterie, il fallait le voir s'en donner à cœur joie, achetant des tas de cahiers, de stylos de toutes sortes, de toutes les couleurs. Et du papier à lettres de toutes les fantaisies possibles, et des marqueurs, des crayons, bref, de quoi remplir des tiroirs une fois rentré.

Les boutiques de gadgets, aussi, le captivaient. Il était amateur de toutes ces petites choses plus ou moins amusantes, originales, qu'on oublie en général aussi rapidement qu'on s'y est intéressé. Et, dans ces rayons, on aurait dit, à le voir fureter avec une curiosité jamais satisfaite, un gamin au paradis des jouets.

Nous en avons passé, de bons moments ensemble, dans toutes ces boutiques dont il ressortait souvent avec des tas de choses pour mes enfants, même quand je tentais de le freiner sur ce point, estimant que c'était souvent du gaspillage !

Moi, je suis la reine pour dénicher les boutiques pas chères. Lui était toujours à l'affût d'une nouvelle adresse. Je me souviens entre autres d'une boutique de Lille, *L'Idole*, qu'il voulait découvrir absolument. Il y avait aussi le magasin « Aubaine de La Redoute », toujours à Lille, où nous avions décidé de nous rendre ensemble. Mais cette fois-là la fièvre acheteuse tomba d'elle-même : il y avait, hélas ! trop de monde ! Du coup, ce jour-là, c'est aux boutiques chics du quartier du vieux Lille que nous avons rendu visite. Là, les gens l'arrêtaient pour lui demander des autographes. Il répondait toujours à ces sollicitations avec le sourire.

Évidemment, le lendemain, toute la ville était au courant que Jacques Villeret se promenait à Lille avec une Black !

*

Le chauffeur est venu aider Jacques à mettre à jour ses comptes. Jacques est devenu méfiant, chat échaudé... Mais avec son chauffeur, il est en confiance. Je pense qu'il a bien raison. Je me souviens que celui-ci me disait alors :

– Seny, nous allons bien l'aider, tous les deux...

J'aimerais dire que je lui en serai reconnaissante toute ma vie. Il a très bien fait son boulot, à l'époque. Mais, par la suite, quelle déception !

8

Le tournage de *Vipère au poing* commence en Angleterre, dans un château, sous la direction de Philippe de Broca. J'ai enfin convaincu Jacques d'accepter que je travaille avec lui. Il ne voulait toujours rien savoir, mais je l'ai carrément eu au chantage :

– Si tu ne dis pas oui, je ne viendrai pas te voir.

Et me voilà embauchée comme assistante habilleuse. Je fais la connaissance de Catherine Frot. C'est la première fois que je la vois jouer sur un plateau, et elle me donne envie d'être actrice. Je comprends pourquoi Suzanne Flon m'a fait tant de compliments sur elle.

Quant à Philippe de Broca, quelle élégance ! Et à tous égards. Je l'appelle « tonton ».

Lorsque Jacques accepte ce projet, il me parle longuement du scénario, du roman largement autobiographique d'Hervé Bazin dont il est tiré. Comme je l'apprends à cette occasion, il s'agit d'une sombre histoire de famille : la terrible relation entre un garçon d'une dizaine d'années et sa mère, qu'il appelle Folcoche. Rien à voir, bien entendu, avec les propres problèmes de Jacques, qu'il n'a pas encore réglés, au sein de sa propre famille. Je me demande toutefois si son travail sur *Vipère au poing*, passage rapide car il n'y tient qu'un rôle secondaire, celui du père, n'a pas participé, en même temps que mes relances répétées, à la réconciliation qui finira par intervenir. Mais nous n'en sommes pas encore là...

*

Pendant le tournage en Angleterre, nous dînons presque tous les soirs avec Philippe de Broca... Pendant notre séjour, sa merveilleuse famille est venue lui rendre visite. Nous partageons des repas très sympathiques. Je serai heureuse de faire la connaissance de sa fille Chloé.

Un soir, je dîne au restaurant avec Jacques et « tonton » Philippe qui me regarde avec insistance avant de finir par me dire :

– Hier, tu étais mal coiffée. Aujourd'hui, par contre, c'est très bien. Tu es splendide. Quand tu es comme ça, j'ai envie de te piquer à Jacques...

Jacques, qui écoutait, pouffe de rire.

De Broca me demande alors de lui parler du Sénégal, ce que je fais, bien sûr, avec plaisir car j'aime mon pays et j'adore donner envie d'y aller à ceux qui ne le connaissent pas. Je lui raconte donc nos coutumes, nos façons de faire. Je lui dis que les hommes sénégalais peuvent avoir jusqu'à quatre femmes. Il en est ébahi :

– C'est vrai ?

– Oui, bien sûr !

Il se tourne alors vers Jacques pour lui dire :

– Eh bien, tu as du bol, mon vieux...

Je réponds à de Broca, en riant :

– Ne crois pas ça, « tonton » Philippe, car je n'accepte pas les co-épouses... Par contre, c'est vrai : il a du bol de m'avoir !

Et nous revenons à des considérations un peu moins légères, mais ô combien agréables, sur mon pays.

Depuis notre séjour mémorable chez Gilles et Martine, et la redécouverte, pour moi, de notre poète national, j'ai pris l'habitude de butiner très souvent dans le volume de l'œuvre poétique de Senghor. Et ce soir-là, j'ai en tête quelques vers d'un court poème intitulé « Légion », que j'aime particulièrement et que je récite à « tonton » Philippe. Je ne les ai pas oubliés :

Une mélopée parfois,
Un chœur sauvage le soir
Jaillit du fond de mon enfance
Et tombe ruisselant.

Jacques sourit. C'est un de ces petits moments de bonheur, de ceux que j'aime à me remémorer...

*

Les deux dernières semaines du tournage de *Vipère au poing* se sont déroulées en France. J'avais prévu de ne pas y être car ma petite fille Margaux était tombée malade. Mais, encore une fois, Jacques allait très mal. J'ai donc confié ma fille à ma belle-mère et je suis venue assister aux deux derniers jours de tournage qui se sont achevés vaille que vaille.

« Tonton » Philippe avait envisagé de me faire jouer le rôle de Joséphine Baker. On m'avait coupé les cheveux ! Mais j'ai finalement renoncé : j'avais décidément trop peur... et je ne savais pas bien danser le charleston.

Avant de rentrer en Normandie pour se reposer, Jacques devait passer chez Michel Drucker pour un « Spécial Louis de Funès ». Il n'était pas au mieux de sa forme, loin de là, mais il tenait à y aller tant était grande son admiration pour le comédien qu'on honorait, tout comme l'estime et l'amitié qu'il avait envers Michel Drucker.

Voulez-vous savoir ce que je pense de Michel ? Si le poste de président du monde existait, j'y nommerais Michel Drucker parce que, sous sa présidence, le monde deviendrait meilleur, les gens s'aimeraient les uns les autres sans problème. Michel Drucker est un délicieux grand homme.

Jacques est parti tout seul à l'enregistrement de l'émission. Je l'y ai rejoint un peu plus tard. On m'a indiqué sa loge. J'y suis entrée, il avait un visiteur.

– Bébé, me dit-il, je te présente Christian Fechner.

Voilà quelqu'un qui m'a impressionnée ! Je me suis dit : « Wouah ! Lui, c'est la classe ! »

Il tenait entre les doigts un cigare non allumé qu'il manipulait délicatement, et je pensais : « Voilà un homme qui pourrait faire déplacer des montagnes sans transpirer. »

L'assistante est venue annoncer à Jacques que ça allait être à lui.

Jacques a demandé à se rendre aux toilettes avant d'aller sur le plateau. Comme il était loin d'être au meilleur de sa forme, je l'ai accompagné, allant jusqu'à le suivre dans les toilettes pour l'aider, le cas échéant. Je n'ai jamais posé la question à Christian Fechner, qui se trouvait à nos côtés, de ce qu'il a pu penser en me voyant entrer dans les WC avec Jacques !

Je le sentais très angoissé, craignant que ça se passe mal. Mais, heureusement, j'avais tort : comme d'habitude, Jacques n'a que peu parlé. Mais il lui a suffi de sortir deux mots pour que la salle entière applaudisse.

Moi, j'avais la chance d'avoir un peu plus de deux mots, de temps en temps, lorsque Jacques voulait bien me raconter sa vie de comédien, ses souvenirs de tournage. Mais il n'aimait pas beaucoup cela. Parfois, tout de même, pour me faire plaisir, il ouvrait un peu l'armoire aux souvenirs. Louis de Funès y tenait une place d'honneur.

De Funès, c'était une des idoles de sa jeunesse. Évidemment, lorsqu'on avait proposé à Jacques de lui donner la réplique dans *La Soupe aux choux*, il avait dit oui avec enthousiasme. On connaît la suite, le succès populaire considérable du film qui, sorti en 1981, continue régulièrement à faire de belles audiences à la télé.

Ce qu'on sait moins, ou dont on ne se souvient pas, c'est que, pour Jacques, c'était un rôle à haut risque. Il jouait un personnage à la limite du ridicule. Parviendrait-il à lui apporter suffisamment de poésie pour lui éviter de tomber dans le grotesque ? Jacques était d'autant plus conscient du défi que Louis de Funès l'avait mis en garde, avant qu'il ne prenne sa décision, ne lui cachant pas qu'avec ce rôle il pouvait grimper très haut... mais aussi tomber très bas. On sait ce qu'il advint et Jacques avait, depuis ce tournage sur lequel il avait pu observer de près la rigueur du travail de Louis de Funès, une grande admiration envers son glorieux aîné.

Il m'a souvent dit :

– J'ai deux maîtres, Louis Seigner et Louis de Funès.

*

Ah, Louis Seigner !... Je me souviens d'une belle fin d'après-midi.

C'était dans sa maison de Normandie et nous venions de passer une de ces journées que l'on garde en soi comme l'image même du bonheur.

Ce jour-là, il était parti à la pêche. Je ne l'avais pas accompagné, je ne sais plus très bien pourquoi, mais il savait que, la pêche, ce n'était vraiment pas mon truc, et il ne s'offusquait donc pas que je ne le suive pas au bord de l'eau. Mieux : je pense qu'il appréciait ce moment de solitude. Son but, ça, j'en suis certaine, n'était pas de ramener du poisson mais d'être seul, dans un environnement paisible qui lui convenait, de rêver, peut-être, de réfléchir, plus exactement. Lorsqu'il travaillait sur un scénario, une fois qu'il l'avait bien assimilé, il lui fallait y penser en profondeur, en intégrer toutes les facettes, imaginer tous les ressorts qui animeraient les personnages. La solitude au bord de l'eau constituait, pour lui, une situation idéale pour ce travail immobile. Il n'emportait rien du scénario : tout était dans sa tête. Et le bouchon pouvait être brusquement titillé par un poisson tenté par l'appât, bien souvent mon Jacques ne s'en apercevait même pas ! Bien que n'étant pas une compagne assidue pour ces séances, j'en ai été plusieurs fois le témoin. Moi, j'étais obnubilée par ce satané bouchon, toujours impatiente de le voir plonger et il aura fallu que je dise à plusieurs reprises à Jacques : « Attention, ça mord ! » sans qu'il réagisse pour que je comprenne que, ce bouchon (et le poisson qui allait avec !), il s'en fichait complètement !

J'en reviens à la soirée...

Il était donc rentré, détendu... et bredouille, bien entendu !

Nous nous étions alors installés sur la pelouse. Il faisait doux. Juste une petite brise, poussant quelques jolis nuages blancs dans le ciel bleu. Un bonheur de carte postale.

Ce soir-là, Jacques – qui parlait peu de son métier, des comédiens, etc. – se mit à évoquer Louis Seigner et c'est à cette occasion que je pus constater quelle était l'admiration qu'il lui portait. L'admiration, et aussi une sorte d'affection.

Il me dit à peu près ceci :

– Tu sais, Seny, c'est en vieillissant qu'on s'aperçoit combien les maîtres avaient raison ! Enfin... si les maîtres étaient bons, bien sûr ! Moi, j'ai eu la chance d'avoir Louis Seigner. C'était quelqu'un ! Un monsieur ! Une sorte de sagesse tranquille. Tu avais un vrai problème ? Tu ne savais plus où tu en étais ? Eh bien, il te remettait les idées en place en moins de deux. Un magicien, dans son genre. C'est lui qui m'a orienté, qui m'a poussé vers le comique.

Il a arrêté de parler, songeur. J'avais l'impression qu'il rêvait, souriant. Mon Dieu, comme j'aimais le voir ainsi !

Et il a repris, dans un éclat de rire :

– Tant pis pour la Comédie-Française !

Et, sans transition, soudainement redevenu sérieux :

– Je dis ça, mais j'aurais tout de même bien aimé en être. Louis Seigner le souhaitait et il a tout essayé pour que j'y entre, mais faut croire qu'il a eu affaire à de plus puissants que lui. Je peux te dire que si j'étais déçu de ne pas y être accepté, il l'était tout autant que moi, peut-être même davantage !

J'aimais l'écouter, en ces moments trop rares. Trop brefs aussi. Celui-ci se termina par une pirouette :

– Bon. On se boit un petit verre ?

Il ajouta, comme pour me rassurer :

– Un tout petit !

*

Ces souvenirs m'en conduisent à un autre : celui qui concerne Michel Simon.

Il avait une admiration sans bornes pour le célèbre comédien et m'assurait avoir vu tous ses films. Le jour où il m'en a parlé, il l'appelait familièrement Boudu, du nom d'un de ses personnages les plus célèbres.

Il me paraissait si familier à son égard que je lui demandai :

– Tu l'as bien connu ?

– Bien connu, ce serait vraiment très exagéré que de le dire, mais j'ai eu la chance de le rencontrer. Et d'ailleurs, figure-toi que c'est encore un truc que je dois à mon pote Gilles Durieux !

– Raconte !

– C'était au restaurant. Un coup monté par Gilles qui nous avait invités à la cantine favorite du grand Simon : le « Louis XV », une table réputée du côté de la porte Saint-Martin. Tu parles d'une soirée ! J'étais comme un petit garçon, buvant les paroles du vieux Boudu. Et ce soir-là, crois-moi, il était en verve. Mais ce qui m'a le plus touché, vraiment ému, c'était la façon dont il évoquait les animaux. Ah, son amour pour les bêtes ! Incroyable !

Un temps, et il ajouta :

– Il avait bien raison, parce que les hommes...

*

C'est à l'occasion d'un dîner organisé par Christian Fechner pour rencontrer Vincent de Brus, réalisateur de *L'Antidote*, le film que Jacques doit tourner l'été prochain, que je fais la connaissance d'Hervé Truffaut.

Jacques a toujours aimé ces deux hommes d'affaires. J'ignore alors combien ils seront importants pour moi, plus tard.

Je remercie chaque jour Dieu de me les avoir fait connaître, eux et leurs familles.

Le lendemain, direction la Normandie où sa gouvernante nous attend. J'y reste seulement trois jours car je dois regagner Lille, pour mes enfants. Ma vie s'est organisée entre eux et Jacques. Organisée ? Peut-être serait-il plus exact de dire désorganisée. Car c'est vrai qu'en cherchant en permanence à me partager entre mes enfants et mon homme, je ne peux qu'aboutir à une situation bancale qui n'est finalement satisfaisante pour personne.

Voilà maintenant quelques mois que Jacques rêve de nous trouver une maison de campagne plus proche de Paris. Nous cherchons...

*

Je ne suis à Lille que depuis quelques jours quand la gouvernante de Jacques m'appelle : il ne va pas bien, elle me demande de venir.

Quand j'arrive, Jacques est effectivement dans un triste état. Je me souviens alors avoir rencontré, lors du tournage de *Vipère au poing*, une femme formidable qui avait vu dans quel état se trouvait Jacques et combien je souffrais de cet état. Elle m'avait conseillé un établissement médical qui pourrait le prendre en charge.

– Tu verras, m'avait-elle affirmé, là-bas ce sont des pros.

J'arrive à convaincre Jacques. Ce n'est pas facile, mais je fais preuve de persuasion et de fermeté :

– Jacques, nous sommes au mois de décembre. Ta gouvernante va partir en vacances. Elle en a besoin et tu ne peux pas lui refuser ça. Tu es très fatigué. Il faut que tu ailles dans cet endroit pour te reposer.

Quand il me répond, doucement comme un enfant, je sais que j'ai gagné la partie :

– Je ne veux pas y aller... Je serai plus seul que jamais, là-bas...

Je lui promets de rester à ses côtés, toutes les heures, les minutes, les secondes jusqu'à ce qu'il en sorte. Et c'est ce que je ferai.

Nous ne perdons pas de temps : cinq heures plus tard, Jacques est pris en charge dans cet endroit où je demeure une semaine à ses côtés. Il faut remplir un tas de formulaires administratifs, plus compliqués les uns que les autres. Il faut aussi s'occuper du paiement !

– Fais les chèques, bébé, me dit Jacques. Je signerai plus tard.

Je sors de sa chambre, me réfugie dans les toilettes et je pleure à m'en étouffer... Je ne cesse de me dire : « Et si je n'avais pas été là, comment cela se serait-il passé ? »

Je suis très triste pour Jacques.

Et, là, je prends une décision : quand il ira mieux, je lui reparlerai de sa mère et de sa demi-sœur.

C'est ce que je fais un peu plus tard.

– Jacques, lui dis-je, tu sais mieux que quiconque que tu es tout seul.

Il me regarde, étonné, et répond :

– Mais je ne suis pas seul ! Je t'ai, toi.

– Non, je ne voulais pas dire ça... Je veux te rappeler que tu as une famille. Ta sœur pourrait être à tes côtés, travailler pour toi... Je ne la connais pas mais je pense qu'elle serait ravie de retrouver son frère.

Il me dit alors sèchement :

– Seny, sors de ma chambre et réfléchis à tout ce que je t'ai dit de ma sœur... Si tu penses encore que je dois l'appeler, c'est parce que, comme tous les autres, tu n'as rien compris...

Désemparée, je tourne les talons pour sortir. Il ajoute :

– Voilà, laisse-moi seul. De toute façon, on m'a toujours abandonné.

Je suis sortie, mais vite revenue. Je l'ai emmené là pour qu'il se repose, pas pour le perturber. Je rentre dans la chambre et lui dis :

– Excuse-moi, Jacques, je suis désolée.

Il me tend la main et je prends place à côté de lui. Il m'avoue :

– Je n'ai qu'une envie, retrouver la maison pour y travailler.

En fait, il se remet très vite et travaille déjà, ici, dans cette maison de repos, sur le scénario de *Quartier nègre*, un film produit par Jacques Kirchner, qu'il doit tourner au Sénégal.

Quand il a reçu le scénario, cela l'a amusé. Il me disait :

– Un film au Sénégal, avec mon bébé sénégalais...

Le film, hélas ! ne se fera jamais. La mort en a décidé autrement.

*

Lorsque nous quittons cet endroit, mon bel amour est comme flambant neuf.

La fin de l'année 2003 approche. Nous sommes invités chez les Fechner pour le réveillon du 31 décembre.

Juste avant d'entrer chez eux, Jacques me dit :

– Tu vas voir, bébé : Solange Fechner est la plus belle femme de Paris.

Nous passons une merveilleuse soirée et repartons avec de superbes cadeaux. Je dis à Jacques :

– Tu ne m'avais pas dit que, en plus de sa beauté, Solange était aussi chaleureuse et adorablement gentille.

– Je voulais que tu t'en rendes compte toute seule.

*

Jacques est reparti en Normandie pour travailler sur deux scénarios : *Quartier nègre* et *Iznogoud*. Moi, j'ai regagné Lille. Je dois préparer mon voyage au Sénégal. Avant de connaître Jacques, j'allais y revoir ma famille pendant un mois, tous les ans. Désormais, pour ne pas le laisser seul trop longtemps, je limite mon séjour à deux semaines. Mais, même quinze jours, il trouve cela trop long.

Avant de partir au Sénégal, Jacques Kirchner nous a invités à dîner avec le réalisateur de *Quartier nègre*, Joël Santoni. Comme d'habitude, je suis toujours contente et impressionnée de rencontrer les gens dont Jacques m'a souvent parlé. Il me disait que Kirchner était une sorte d'homme pressé, un grand bosseur. Moi, j'ai surtout retenu la gaieté de ce monsieur plein de charme.

Nous avons passé avec Jacques et Joël des moments fantastiques et partagé quelques bons repas.

Je pars au Sénégal. Jo m'accompagne à l'aéroport. Et Jacques, comme d'habitude, m'appelle dix fois par jour... Et ça durera tout le temps de ce court séjour durant lequel je visite ma famille, de Saint-Louis à Dakar, sans oublier le plus important : Kaolack.

Je retrouve mes enfants et Jacques quinze jours plus tard. Il est en pleine promotion de *Malabar Princess* mais pense au tournage d'*Iznogoud* qui se profile à l'horizon. Il aura lieu au Maroc, à Casablanca, en mars et avril. Jacques a déjà loué une superbe villa à Marrakech rien que pour nous deux.

– Comme cela, mon bébé, on va bien se reposer avant le tournage.

*

Et bientôt commence le tournage d'*Iznogoud* réalisé par Patrick Braoudé. Inspiré de la célèbre série de bandes dessinées créées par le scénariste René Goscinny, le père d'Astérix, et le dessinateur Jean Tabary, le film met donc en scène le fameux Iznogoud, grand vizir qui n'a qu'une ambition : devenir calife à la place du calife. Jacques avait tout de suite dit oui lorsque le rôle du calife Haroun el-Poussah lui avait été proposé. Il s'était beaucoup amusé à donner vie à ce personnage, un rôle taillé pour lui sur mesure. Le film remportera un grand succès, mais Jacques ne sera plus là pour en goûter la saveur. Il en sera, hélas ! de même pour les autres films tournés en 2004 (*Les Âmes grises*, *L'Antidote* et *Les Parrains*).

C'est un tournage excellent que celui d'*Iznogoud*. J'y fais la connaissance de Patrick Braoudé et de sa famille. Un des producteurs de ce film habite dans le même immeuble que Jacques à Paris. Il s'agit de Jean-François Davy, avec son épouse Sophie. Après le film, nous nous verrons souvent.

Dans ce film joue aussi un acteur dont Jacques dira souvent le plus grand bien à l'occasion de dîners, c'est Michaël Youn.

Et puis, nous y rencontrons aussi quelqu'un d'extrêmement gentil, plein d'humour. Il me fait vraiment beaucoup rire. C'est Magloire, qui est à présent pour moi un amour de frère.

*

Nous sommes rentrés à Paris pour préparer le tournage de *L'Antidote*, le film de Vincent de Brus dont Jacques partage l'affiche avec Christian Clavier, Thierry Lhermitte, François Morel, Alexandra Lamy, etc. C'est une comédie comme il les aime, une histoire savoureuse de grand patron moderne, joué par Christian Clavier, dont les crises d'angoisse ne semblent avoir qu'un remède : la présence du modeste comptable, à l'ancienne, dans la peau duquel Jacques a su se glisser avec jubilation.

Jacques est dans son élément, entouré de gens qu'il aime. Il est heureux et ce tournage de *L'Antidote* est certainement le plus agréable que j'aie fait en sa compagnie. Du début à la fin, il n'y eut que du bonheur.

Pendant ce tournage, Jacques fait aussi la promotion de *Vipère au poing*. Macha Béranger, qui a joué dans le film, l'interviewe pour *Gala*. J'accompagne Jacques et c'est donc tout naturellement qu'il m'invite à poser à ses côtés. C'est ainsi qu'il m'a présentée au public français ! Lors de l'interview, on m'a demandé quel était mon travail auprès de Jacques. J'ai alors répondu en riant qu'il consistait à l'habiller... et à le déshabiller !

*

Jacques n'était pas quelqu'un de démonstratif. Il attendait toujours que nous soyons à l'abri dans sa loge pour me prendre dans ses bras.

Il me montrait une pile de scénarios en me disant :

– Bébé, ça fait longtemps que je n'ai pas eu de telles offres !

Les propositions arrivaient, en effet, à la pelle : les gens, sachant qu'il allait bien, faisaient tous appel à lui.

Il savait que j'aimais beaucoup la lecture et me confiait des scénarios en me disant qu'il fallait que je les lise vite. Je devais ensuite lui résumer les histoires. Mais, résumer, je ne savais pas faire ça ! Il me fallait lui raconter toutes les histoires avec force détails. Et ça le faisait se marrer. Pas que lui, d'ailleurs : parfois, sur le plateau, entre les changements de plans, je racontais le scénario que je venais de lire et je faisais rire tout le monde.

Ce sont de bons moments... Les beaux souvenirs n'ont pas manqué, sur *L'Antidote*... Je revois le jour où Johnny Hallyday est venu nous rendre visite. Voilà un vrai gentil ! Et sa Laetitia est magnifique. J'ai trouvé qu'ils formaient un couple extra. Johnny nous avait invités à son concert de Genève. Une très belle soirée : Jacques était aux anges.

*

Dernier jour de tournage. Dernière prise. Fin. Tout le monde applaudit. C'est très émouvant, les fins de tournage, surtout quand tout s'est bien déroulé, dans la joie, la bonne humeur. Un groupe s'est soudé. Des amitiés sont nées. Et maintenant chacun repart. Les uns passent à de nouveaux projets. D'autres vont devoir attendre. Des contacts perdureront, d'autres s'effilocheront, avec le temps. C'est la vie.

Nous faisons une belle fête de fin de film. En me disant au revoir, Lucie Truffaut me prend dans ses bras et me dit :

– Seny, je t'aime.

Quand je pense à ces mots, j'en pleure encore de bonheur.

Une semaine après le début du tournage de *L'Antidote*, Christian Fechner m'avait présenté sa fille Alex. J'étais loin de me douter de l'importance qu'elle allait prendre dans ma vie. Avec son fiancé Patrice, plus que des amis, ils sont véritablement devenus ma sœur et mon frère de cœur.

Ce soir-là, en quittant tous ces amis, comment aurais-je pu imaginer que l'occasion de les revoir presque tous serait un enterrement ?

Je les avais tous connus et aimés grâce à Jacques. C'est sa mort qui les rassemblera à nouveau.

*

À la fin du mois de juillet, je rejoins Jacques en Normandie, avec Marine et Margaux.

Margaux est sa préférée. Il voudrait qu'elle fasse du tennis, de la natation et qu'elle entre à l'école bilingue à Paris. Comme un papa qui souhaite que sa fille fasse tout ce qu'il aime ou aimerait faire.

La gouvernante, à qui je dois tant, de même que Jacques, et avec qui nous partageons la passion du foot, vient de décider de cesser son activité et de quitter la région pour se rapprocher de sa famille.

Un couple d'amis de cette dame propose alors ses services. Jacques est, à son habitude, très méfiant. Il me demande mon avis. Moi, je leur fais confiance et lui conseille de les embaucher, même si le chauffeur de Jacques n'est pas tout à fait d'accord : il craint que cela génère trop de frais...

C'est ainsi que Marco et Annie entrent à son service.

Nous n'avons eu qu'à nous en féliciter car ce sont des gens formidables qui ont travaillé pour Jacques avec beaucoup d'amour et de respect. Ils ont été aux petits soins pour lui. Quant à la maison, ils s'en sont occupés, jusque dans les moindres détails.

Dans cette demeure que nous adorons, ils sont les témoins de notre nouvelle vie et le resteront jusqu'aux derniers instants de Jacques : ses dernières paroles ont été pour eux.

9

Après la mort de Jacques, plusieurs journaux ont raconté notre histoire. Quelle n'a pas été ma surprise, puis ma colère et enfin, tout simplement, ma tristesse en lisant dans l'un d'eux que j'avais pu faire des « déclarations farfelues » (c'est exactement l'expression utilisée !) au sujet de notre mariage religieux !

J'estime avoir non seulement le droit de dire la vérité, mais le devoir de ne pas laisser salir ce qui a constitué tout de même un grand moment pour nous. La vérité, la voici.

Avec Jacques, nous avions commencé à parler mariage car nous souhaitions officialiser notre vie commune. Jacques me disait :

– Bébé, je veux t'épouser. Mais je ne voudrais pas, s'il m'arrivait quelque chose, te laisser des dettes. J'ai un tas de problèmes à régler avant.

Cela ne pouvait donc se faire aussi rapidement que nous l'aurions désiré.

Mais, surtout, nous voulions un enfant, ce qui, pour moi, était hors de question en dehors du mariage, et Jacques était d'accord. Je lui ai alors expliqué qu'on n'avait pas besoin de se marier officiellement pour faire un enfant. On pouvait s'unir religieusement, selon notre coutume sénégalaise. Un mariage traditionnel, si l'on préfère. Il n'était pas contre cette idée, mais y voyait deux complications : il faudrait être sur place, au Sénégal, et il devrait se convertir à la religion musulmane.

Je lui ai expliqué que, dans notre tradition, un tel mariage n'impliquait pas obligatoirement la présence des mariés. Ce genre de cérémonie se pratiquait de façon relativement courante par procuration, par téléphone si besoin ! Quant à la question de la religion, elle ne se posait même pas dans son cas, puisqu'il était né musulman !

Tous les pseudo-obstacles étaient levés. Jacques était d'accord. Il me voulait plus que tout au monde, et désirait cet enfant depuis qu'il savait qu'il pouvait en avoir, contrairement à ce qu'on lui avait fait croire.

Comme il avait pris l'habitude de parler avec les membres de ma famille, lorsque je les avais au téléphone, en particulier mon grand frère et mon oncle, il les a choisis pour être ses représentants devant mon parrain, au Sénégal. Et c'est par téléphone que Jacques a demandé ma main à mon parrain. Ceux qui connaissaient Jacques savent combien il était amoureux pour se surpasser de la sorte, pour oser agir ainsi. Il a vraiment joué le jeu, en respectant toutes les règles traditionnelles : il a même expédié le montant de la dot.

Le 20 août 2004, jour du mariage, nous étions en Normandie. Il y avait là mes filles ainsi que Marco et Annie. J'avais préparé un petit dîner. À 18 heures, je suis descendue, vêtue d'une petite robe rouge chinoise qu'il adorait. Lui arborait un beau gilet Lacoste.

Quand je suis apparue, il m'a regardée, m'a fait un petit bisou et m'a dit :

– Je vais me changer.

– Pourquoi ? Tu es très bien ainsi.

J'ai ajouté :

– Mais quand on se mariera officiellement, tu porteras un beau costume.

Nous avons ouvert une bouteille de champagne.

Vers 19 heures, mon oncle a appelé Jacques et lui a dit :

– Mes félicitations ! À partir de ce moment, Seny est ta femme !

Toute la petite famille, Marco et Annie, ont félicité Jacques.

Ensuite, c'est à moi que s'est adressé mon parrain :

– À partir de ce moment, Jacques est ton mari. Tu le suivras là où il voudra. Tu feras tout ce qu'il te demandera. Tu t'occuperas de lui. Toutes mes félicitations.

On a pris des photos, mais je regrette de n'avoir pas filmé.

Ce jour-là, Jacques, taquin, m'a dit :

– Tu es ma femme, tu dois m'obéir au doigt et à l'œil.

Jacques était heureux. Il avait un magnifique sourire. Il était étonné par cette formalité de mariage, mais savait que même si nous nous étions rendus sur place, au Sénégal, cette cérémonie minimaliste se serait déroulée à la maison.

Voilà l'histoire, toute simple, de notre mariage traditionnel.

10

Un jour, peu après le mariage, en Normandie, il me dit qu'il a une bonne nouvelle pour moi. Gonzague Saint-Bris l'a invité pour une grande manifestation littéraire. Une centaine d'écrivains doivent s'y retrouver pour des signatures en plein air, sous les frondaisons des arbres centenaires. C'est « La Forêt des livres », et ça a lieu le dernier dimanche d'août, à Chanceaux-près-Loches, c'est-à-dire à deux pas de sa ville natale.

– C'est tout près de chez mes parents, poursuit-il. Je pense que je vais accepter car ainsi nous pourrons aller les voir.

Enfin ! Je suis ravie, heureuse d'y voir un signe de plus, annonçant la fin d'une période néfaste. Heureuse aussi de me dire *in petto* que ce n'est donc pas en vain que j'aurais insisté auprès de Jacques. Heureuse mais prudente...

– Ne crois-tu pas que tu devrais y aller seul ? Après toutes ces années sans vous voir... Et, en plus, je suis black...

– Mes parents ne sont pas racistes...

Et Jacques téléphone à sa sœur pour organiser notre venue.

Sa mère nous propose de dormir chez elle. Jacques me demande si cela ne me dérange pas. Je lui réponds que non, bien sûr : je suis africaine, la famille compte énormément.

Peu après, le téléphone sonne, je décroche.

– Bonjour, je suis la sœur de Jacques... Vous êtes Seny...

– Oui, dis-je.

– Je suis heureuse de vous avoir au téléphone. Je voulais vous dire merci pour tout ce que vous faites auprès de Jacques. Vous êtes très gentille, et je me réjouis de vous rencontrer bientôt.

Je suis très contente de ce premier contact avec ma future belle-sœur. « Enfin, après avoir si souvent poussé Jacques à renouer avec les siens, me dis-je, ce moment va arriver ! »

Je rentre à Lille pour laisser Margaux chez sa mamy. Je n'y passe que quelques jours mais Jacques ne supporte plus notre séparation. Et voilà : il a suffi que je m'absente un peu pour qu'il replonge !

Nous sommes à moins d'une semaine du voyage prévu en Touraine, des retrouvailles avec ses parents, et Jacques ne va pas bien du tout. Avec le recul, je me demande si cette nouvelle rechute n'était pas davantage due à l'angoisse qu'il devait éprouver devant l'imminence de ces retrouvailles qu'à ma courte absence.

Toujours est-il que je rejoins la Normandie sans attendre... et très en colère !

– Jacques, lui dis-je, que se passe-t-il ? Que veux-tu ? Tout va bien, tu as du boulot. Tu m'as, moi, et nous devons aller voir tes parents. Tu vas finir par tout gâcher !

Mais autant parler à un mur : il n'est pas vraiment en état de raisonner.

J'appelle sa sœur pour la prévenir que nous ne pourrons pas venir car Jacques est malade. Elle me répond :

– Je comprends... On a l'habitude...

Je lui promets que, dès qu'il se sentira mieux, nous viendrons jusqu'à eux.

Après le coup de fil, je me sens vraiment désolée pour ses parents.

Jacques fait partie des invités d'honneur de la manifestation organisée par Gonzague Saint-Bris. Je me dois donc d'appeler celui-ci pour l'informer des problèmes de santé de Jacques et excuser notre absence. Il me répond :

– Seny, je sais qui vous êtes et je compte sur vous pour venir au forum après-demain...

Je me sens flattée, d'une certaine façon. Encore faut-il y arriver !

Je monte rejoindre Jacques dans sa chambre et lui annonce que demain nous irons à Paris et après-demain à Loches.

Il me dit qu'il ne peut pas, qu'il ne se sent pas bien.

– Tu vas te reposer et tout ira bien. N'oublie pas que tu fais partie des invités d'honneur.

– OK, me dit-il, mais je ne veux pas aller chez mes parents...

C'est donc bien cela qu'il appréhende !

Ce n'est pas le moment de compliquer les choses : je lui dis d'accord sur tout. Pour la suite, on avisera le moment venu : chaque chose en son temps...

Finalement, nous arrivons à Chanceaux-près-Loches au jour dit. Nous y rencontrons de nombreux écrivains, certains sont des amis, comme l'auteur d'*Effroyables Jardins*, le Lillois Michel Quint, et son épouse.

Jacques a miraculeusement retrouvé la forme. Il se montre à la hauteur, répond avec gentillesse aux demandes d'autographes, sourit. Une fois de plus, je me rends compte combien il est aimé. Il me présente Gonzague Saint-Bris – un homme très fin, un gentleman – qui me place à côté de lui, pour le repas.

Juste avant de passer à table, j'appelle la sœur de Jacques. Je lui dis que nous sommes là. Elle me répond du tac au tac qu'elle arrive avec sa mère. J'en suis très heureuse sur le coup, mais, bien vite, c'est à mon tour de stresser : Jacques n'aime pas les surprises et, là, il va en avoir une, et de taille ! Il faut que je le prépare à leur venue. Je lui dis :

– Tes parents savent forcément que tu es là. Ils vont venir te voir...

– Je ne le crois pas, me répond-il.

– Moi, je serais bien contente s'ils venaient...

Nous en restons là. Peu après, je laisse Jacques pour aller acheter des livres. Soudain, une dame m'aborde.

– C'est toi, Scny ? Je suis la sœur de Jacques.

Nous nous embrassons et repartons toutes les deux rejoindre Jacques qui doit se trouver avec d'autres invités. Quand nous le repérons, il est déjà en compagnie de sa mère, dans une salle du forum, avec des amis.

Jacques me présente sa mère. Tout se passe chaleureusement, simplement, dans une ambiance très agréable. Nous rions beaucoup, sa sœur prend des tas de photos de nous tous. Tout va très bien. Je suis juste déçue que son père n'ait pas pu venir.

Je peux dire que, à ce moment, je suis fière de moi et que je savoure secrètement ma victoire. Et, malgré tout ce qui se passera plus tard, après le décès de Jacques, je garderai de cette première journée passée avec sa mère et sa sœur un des meilleurs souvenirs de notre vie commune.

11

Nous rentrons à Paris où Jacques se met aussitôt au travail car le tournage d'un nouveau film, *Les Parrains*, va commencer sans tarder. C'est la première réalisation de Frédéric Forestier. Jacques partage l'affiche avec Gérard Lanvin et Gérard Darmon. Je suis ravie de faire leur connaissance : on ne s'ennuie pas avec eux ! Le tournage se passera bien, si ce n'est que Jacques nous fera peur en se cassant le poignet.

Nous ne perdons pas de vue l'idée d'une maison de campagne plus proche de Paris que celle de Normandie. Nous en avons visité beaucoup, mais c'est durant le tournage des *Parrains* que nous avons eu le coup de foudre pour celle d'Anet, près de Croth, dans l'Eure-et-Loir. C'est une maison pleine de charme, avec la rivière qui coule dans le jardin. Arrêtons de chercher. On a trouvé ! Jacques est ravi et me parle de Diane de Poitiers, du château que lui fit bâtir Henri II à Anet... Il m'en a appris, des choses !

Mais il faut maintenant passer aux modalités pratiques. Jacques prépare les dossiers pour le prêt bancaire. Mais ça comporte aussi une assurance... et les choses se compliquent. Jacques n'est pas très coopératif, ne veut pas subir d'analyses médicales. Il a horreur de ça et, au bout du compte, notre projet semble engagé sur une bien mauvaise voie car le médecin de l'assurance refuse de donner son aval.

Je vois déjà la maison nous passer sous le nez, le beau rêve s'estomper... Enfin, je ne sais trop comment, la banque finit par accepter le prêt sans assurance. Nous allons pouvoir acheter la maison.

Et nous ne perdons pas de temps car nous souhaitons pouvoir fêter Noël dans notre nouveau chez-nous. Bien entendu, cette installation ne peut que nous inciter à parler mariage, officiel cette fois. Nous n'en sommes plus aux évocations plus ou moins vagues. Le mariage traditionnel, même s'il a pu se voir qualifier de farfelu par de méchants esprits, a constitué une étape sérieuse. L'achat de la maison en est une seconde. Un enfant viendrait parfaire notre vie commune... Et le mariage officiel en serait le point d'orgue.

La fin de l'année 2004 approche. Je dis à Jacques que nous devrions baptiser notre demeure « Maison de la paix » et que, pour ce faire, il ne reste qu'à inviter ses parents pour les fêtes de Noël.

– Les fêtes me gonflent, me dit-il.

Je reviens sans cesse à la charge jusqu'à ce qu'il abdique.

– Alors, c'est toi qui les appelles, me dit-il.

– Non, c'est toi qui les invites. C'est à toi de les appeler.

– Oui, mais c'est toi la maîtresse de maison.

Mais je ne cède pas et, finalement, il appelle ses parents pour les inviter. Je lui passe un papier sur lequel j'ai noté : « N'oublie pas ta sœur. »

Il dit à sa mère :

– Dis à ma sœur de venir, elle aussi, si elle n'a pas de projets... Je te passe Seny pour les dates.

Et nous nous mettons vite d'accord pour un séjour du 24 au 28 décembre. La mère de Jacques me confie qu'elle est toute retournée par notre invitation. Elle me remercie. Je lui réponds que c'est normal, qu'elle n'a pas à me remercier, que c'est son fils qui a eu l'idée de ces retrouvailles.

Ma meilleure copine m'a souvent demandé pourquoi je voulais absolument que Jacques se réconcilie avec ses parents. Elle me disait :

– Ce n'est peut-être pas une bonne idée de te mêler de leurs problèmes. Laisse-le donc tranquille.

Avec la tournure qu'ont pris les événements, après la mort de Jacques, je me suis dit parfois que j'aurais dû l'écouter. Mais ça ne dure pas. Je sais que j'ai eu raison de tenter de les réunir. Non seulement je l'ai tenté, mais réussi. Je ne regrette rien. Je ne l'ai pas fait pour être payée en retour mais par amour pour Jacques, et aussi certainement parce que la cohésion de la famille est pour moi une valeur essentielle. Peut-être plus que pour d'autres, et sans doute parce que j'en ai été trop privée durant ma jeunesse.

*

Jacques préparait aussi un autre film, *Les Âmes grises*, dont il aimait beaucoup le scénario, tiré du roman de Philippe Claudel, qui raconte comment, durant l'hiver, pendant la guerre de 14-18, le meurtre d'une fillette met en émoi un paisible village situé non loin de la ligne de front.

Il devait partager le générique avec Jean-Pierre Marielle.

– C'est l'un de nos plus grands acteurs, me disait-il. Et quelle voix !

Il était intarissable à propos de Marielle et revenait souvent sur un de ses films préférés : *Les Galettes de Pont-Aven*. Quand j'y repense, aujourd'hui, je remarque une fois de plus qu'autant il ne rechignait pas à évoquer les films des autres, autant il ne parlait que très peu des siens.

Les Galettes de Pont-Aven ! Je dois avouer que je n'ai pas encore vu ce film. Et pourtant j'ai l'impression de le connaître par cœur ! Je me souviens du grand tableau qui orne le salon de Gilles, à Ploudaniel : la vache de Jeanne Goupil, une des comédiennes du film.

– Tous les tableaux qui figurent dans *Les Galettes de Pont-Aven* sont de Jeanne, m'avait expliqué Gilles.

J'avais très envie de rencontrer Marielle. Allez savoir pourquoi, quand c'est enfin arrivé, lorsque sa femme Agathe a organisé un dîner à notre intention, je lui ai trouvé une ressemblance marquée avec... Sean Connery !

Ce tournage s'est achevé le 21 décembre 2004 : nous allions avoir du temps libre et pouvoir nous consacrer aux fêtes de Noël.

Nous sommes allés à la Fnac acheter les cadeaux pour ses parents et mes enfants. Évidemment, c'est surtout aux rayons des disques et des livres que nous nous sommes attardés ! Ce jour-là, il fallait absolument que je reparte avec les CD des artistes dont il me parlait souvent. Il passait systématiquement les bacs en revue, trouvant çà et là un disque qui lui manquait, m'incitant à prendre telle ou telle compilation :

– Tiens, voilà un bon choix de titres de Brel (et de Brassens, et de Gainsbourg, et de Julien Clerc...). Prends ça. Et ça. Et ça. Je suis sûr que ça te plaira. Et ça te donnera envie de connaître le reste.

Il était heureux comme tout et plaisantait sans arrêt :

– Ah, ma pauvre Seny, tu en as, des choses à découvrir ! Et tu as de la chance, finalement, c'est du bonheur à venir !

J'avais les bras chargés et j'ai dû lui dire :

– Jacques, là on arrête ! Je n'en peux plus !

Et lui, avec un bon sourire :

– D'accord. Mais on reviendra !

*

Nous avons convenu que nous passerions le réveillon de Noël chacun de notre côté : moi à Lille, avec mes enfants, et lui à Anet, en compagnie de ses parents. Je suis rassurée : Jacques ne connaîtra pas un Noël de solitude.

Le 23, Jacques rentre à Anet où l'attendent Annie, la nouvelle gouvernante, et son mari Marco, tandis que je regagne Lille. J'ai, dans ma valise, une boîte de caviar que m'a offerte Jacques pour la partager avec mes enfants et leurs grands-parents.

Comme d'habitude, Jacques m'appelle plusieurs fois dans le courant de la journée du 24. Il me passe sa mère avec qui je bavarde paisiblement. Elle est heureuse d'être là, me parle de la maison, me questionne sur mes filles, me demande leur âge...

Le soir du 24, Jacques m'appelle pour me demander s'il peut ouvrir les cadeaux ! Je lui rappelle que j'arriverai à Paris le 25 à 18 heures, et l'on se donne rendez-vous pour le 26 au matin, à l'appartement de la rue Marbeuf.

Tout se déroule comme prévu : Jacques vient nous y chercher, moi et les enfants, et nous partons rapidement sur Anet où tout le monde nous attend. J'y retrouve donc sa mère et sa demi-sœur, et je fais enfin la connaissance de son père. L'ambiance est chaleureuse, tout le monde a l'air heureux. Les parents de Jacques et sa sœur ont apporté de superbes cadeaux à mes enfants et nous aussi, à notre tour, distribuons nos présents.

Après le repas, Jacques me demande de monter avec lui faire la sieste. Je ne lui consacre qu'un court moment et redescends vite pour être avec ses parents.

Nous passons deux jours très agréables. Armée de ma caméra, je filme tout le monde : la famille, la maison, Jacques à la pêche, les enfants. Nous regardons tout ça le soir du 27, dans la bonne humeur.

Jacques s'est vite retiré car il est fatigué. Je monte le rejoindre. Il me dit :

– Je ne comprends pas pourquoi je suis si fatigué. Je me repose pourtant beaucoup.

– Mais tu te rends compte de tout le travail que tu accumules depuis des mois ? Tu n'as pas arrêté de tourner. Et puis, il y a eu le déménagement, l'installation dans cette nouvelle maison. C'est fatigant, tout ça !

Comme prévu, le 28, ses parents s'en vont.

En leur disant au revoir, je dis à sa mère :

– Vous reviendrez dès qu'il fera beau.

Je pense à notre futur mariage. Je l'imagine se dérouler sous un soleil printanier. Et, bien entendu, au premier rang des invités, il y aurait les parents de Jacques...

Quand Jacques m'a raconté qu'il n'avait pas invité ses parents pour son premier mariage, je n'avais pas compris. Pas question que ça se reproduise pour le nôtre ! Mais ce qu'il m'avait dit m'avait tout de même intriguée. Je lui avais demandé :

– Pourquoi ne les avais-tu pas invités ?

Il m'avait répondu :

– Tu sais, Seny, tu es encore un bébé. Mais un jour tu sauras que vous, les femmes, vous avez toujours le dernier mot.

Et il avait ajouté :

– Ils ne sont pas venus. C'était bien ainsi.

Le 30 décembre, il m'emmène à Paris avec les enfants. Je reprends le train avec eux. Encore un aller-retour ultra rapide : je déposerai mes filles chez leurs grands-parents et rejoindrai Jacques à Paris le matin du 31, car le réveillon est prévu chez les Fechner. C'est vraiment la course.

*

À l'occasion de ce réveillon, Jacques a l'intention de m'offrir une bague de fiançailles. Il m'a appelée quelques jours auparavant, alors que j'étais à Lille, pour me demander les mensurations de mon annulaire. Il m'a dit :

– Cette fois-ci, mon bébé va avoir un beau cadeau !

Pas besoin d'être devin pour comprendre que ce sera une bague !

Je lui ai recommandé de ne pas l'acheter tout seul, mais de se faire accompagner par Annie : elle pourra le conseiller et je ne veux surtout pas qu'il dépense une fortune. Il en est bien capable, malgré l'achat de la maison, les impôts.

– OK, m'a-t-il répondu. Je vais t'attendre, comme cela tu choisiras, toi.

J'ai su après son décès que, en réalité, il avait organisé un rendez-vous avec son ami Patrick Villain pour acheter cette bague, plus tard. Mais, le soir du réveillon, il est un peu triste :

– Ça me fait chier que tu n'aies pas de cadeau, toi.

– On a le temps, Jacques, ai-je répondu.

Dès le 2 janvier, je repars à Lille pour la rentrée scolaire, tandis que Jacques rentre à Anet. Je me prépare aussi à me rendre au Sénégal, pour deux semaines.

On se retrouve à Paris, trois jours avant mon départ.

Il me reparle de la bague et il me dit :

– Bébé, il faut que l'on régularise notre situation sans tarder. On organisera le mariage dès ton retour. OK ?

– D'accord.

Il tente alors de trouver dans son emploi du temps une petite semaine pour venir me rejoindre au Sénégal, mais doit renoncer car Jean-Pierre Raffarin l'a invité, avec André Dussolier et Jean Becker, à l'émission que lui consacre Michel Drucker.

– Bébé, me dit-il, l'invitation de Raffarin, ça ne se refuse pas...

*

Encore des mondanités en prévision... Je dois me trouver une robe du soir – Jacques y tient ! – pour le dîner de bienfaisance, prévu pour le 31 janvier, auquel Christian Fechner nous a invités, dîner présidé par Jacques Chirac. Je compte sur Alex, la fille de Christian, pour me conseiller.

Jacques ne cesse de me taquiner :

– Tu vas voir ton fiancé Chirac, en vrai !

S'il me taquine ainsi, c'est parce que je lui ai raconté que, un jour, une amie de Lille m'avait dit :

– Puisque tu aimes bien le RPR, viens à Lambersart : ils seront tous là. Il y aura même Chirac !

J'étais allée à Lambersart. Il y avait du beau monde : Sarkozy, Toubon et les autres... mais pas Chirac ! Discours sur discours... À un certain moment, j'étais sortie prendre l'air et, voyant Bernard Pons qui s'en allait, m'étais avancée pour le saluer. Un journaliste et son caméraman étaient alors venus vers moi en me demandant si j'étais une vraie militante. J'étais très détendue et leur avais dit, sur le ton de la plaisanterie :

– En fait, j'étais venue voir Chirac. Mais il n'est pas là et, comme je suis amoureuse de lui, je suis très déçue !

Le lendemain, la petite séquence que le journaliste avait tournée passait au journal télévisé de 13 heures ! Je n'en croyais pas mes yeux. Le téléphone n'avait pas arrêté de sonner : on m'appelait du Sénégal, de Mauritanie. Beaucoup de gens m'avaient vue à la télé. J'étais gênée...

Certaines personnes étaient contentes qu'une Black, juste avant les élections, soit sur le petit écran et dise qu'elle était amoureuse de Chirac. D'autres m'ont reproché de donner un coup de pouce à la droite. Si c'est le cas, tout le plaisir est pour moi...

Depuis que j'avais raconté ça à Jacques, chaque fois que Chirac passait à la télé, il me disait, avec son sourire moqueur :

– Viens, bébé ! Viens voir ton fiancé !

Et ça le faisait marrer...

Quant au dîner du 31 janvier, il n'en sera plus question, évidemment...

*

La dernière nuit avant mon départ pour le Sénégal, il me répète :

– Bébé, deux semaines, c'est beaucoup trop long. Je vais me retrouver encore terriblement seul.

Je lui conseille d'aller à Anet, de ne pas rester à Paris, où je savais les tentations plus grandes qu'ailleurs. Il me dit OK, tout en me suppliant d'écourter mon séjour.

– Jacques, je ne peux pas. Avant, j'y allais un mois chaque année. Mais depuis que je te connais, je n'y passe que quinze jours. Et puis, les réservations sont faites. Mais tu verras, ça passera très vite.

Si j'avais su...

12

Quand j'ai connu Jacques, je lui ai tout de suite avoué que je ne prenais pas la pilule. Il m'a dit de ne pas m'inquiéter car il ne pouvait pas avoir d'enfant. J'étais étonnée :

– Mais tu en as pourtant déjà eu un avec ta femme.

– Ce n'est pas le mien. Elle l'avait avant qu'on se connaisse. Je te répète que je ne peux pas en avoir.

C'est, hélas ! ce qu'on lui avait fait croire, des années durant. Mais c'était faux.

Quand il a su la vérité, il était à la fois heureux et fou de rage : on l'avait berné, encore une fois !

– Toute ma vie n'a été faite que de ça : on m'a menti, volé et trahi.

*

Il m'avait raconté avoir fait des tests pour savoir si la paternité lui était interdite. Les résultats l'avaient confirmé : il n'aurait jamais d'enfant.

Moi, j'avais des doutes : sa gouvernante m'avait conseillée de prendre mes précautions si je ne voulais pas tomber enceinte. Je lui avais alors demandé pourquoi et elle m'avait simplement répondu :

– C'est un conseil, ma fille.

J'étais donc revenue à la charge auprès de Jacques :

– Que disaient tes résultats, précisément ?

– Je n'en sais rien.

– Mais, Jacques, tu les as tout de même regardés, ces résultats !

– Non. Je n'ai jamais été fichu de mettre le nez dans les papiers, pas plus les factures que le reste. J'ai toujours fait confiance. Je signais tout ce qu'on voulait bien me faire signer. J'ai vraiment une sainte horreur de la paperasse.

Un jour, à l'occasion d'un séjour de Jacques dans une sorte de maison de repos médicalisée, j'ai demandé à un médecin s'il pouvait faire en sorte de vérifier si oui ou non Jacques pourrait connaître les joies de la paternité.

Et là, surprise : la réponse fut positive, même s'il convenait de la nuancer en raison de tous les dégâts causés par l'alcool et la cigarette. Mais rien de fondamentalement rédhibitoire. Pourtant, sur le coup, cette nouvelle ne l'avait pas transporté de joie : il n'y croyait plus vraiment.

*

Jacques fait la promotion de *Malabar Princess* tout en travaillant à la préparation d'*Iznogoud.* Je le suis un peu partout. Un soir, je lui rappelle que je ne prends pas de précautions... Il ne me répond pas. Il me regarde avec un sourire à la fois tendre et attristé. Les jours passent. Je pense souvent à son incapacité d'être père. Incapacité ou, plus exactement, difficulté. Car, théoriquement, il s'avère que rien ne s'y oppose, si ce n'est le travail de sape de l'alcool... Or il vit une période de relative sobriété depuis un récent passage en clinique.

Je suis rentrée à Lille. Un matin, je l'appelle et lui dis que j'ai de fréquentes envies de vomir. Là encore, ce matin, ça vient de se produire, après avoir bu mon café.

– Tu es enceinte, me dit-il.

– Non... Je ne crois pas... Je ne sais pas...

– Mais, si tu as vomi, si tu te sens patraque... Tu dois tout de même connaître les signes avant-coureurs... Tu as déjà été maman...

– Arrête, arrête. Il ne faut pas s'emballer. Je n'ai pas encore constaté de retard.

– Regarde ton ventre, me dit-il. Regarde si ton ventre est gonflé ! S'il est gonflé, c'est que tu es enceinte.

Alors, j'éclate de rire !

– Mais Jacques, ce n'est pas en deux semaines de grossesse qu'on a le ventre gonflé !

En réalité, je suis bouleversée. Et si, vraiment, j'étais enceinte ?

C'est bientôt la première de *Malabar Princess*, suivie d'un dîner. Pendant le repas, je subis nausée sur nausée. Cette fois, je dois admettre que je suis plus que probablement enceinte.

Le soir, de retour chez nous, nous discutons sérieusement de l'événement... Qu'allons-nous faire si j'attends vraiment un enfant ? Jacques a des réactions contradictoires. Il commence par faire des tas de projets :

– Il faut qu'on trouve une maison pour que tu viennes vivre à Paris avec les enfants...

En même temps, tout commence à basculer dans sa tête...

– On ne peut pas le garder, finit-il par me dire. Il faut faire les choses dans l'ordre.

Pendant la nuit, il me réveille et me dit :

– Bébé, fais attention, tu dors sur le ventre, tu vas lui faire mal.

L'émotion m'étreint : on n'a pas l'intention de le garder, or il est en train de me dire de ne pas lui faire mal.

Le lendemain, nous nous envolons pour Marrakech où nous devons prendre une quinzaine de jours de vacances dans la superbe villa que Jacques a louée, avant de commencer *Iznogoud*.

J'ai fait le test pour savoir si j'étais vraiment enceinte : je le suis. Jacques est devenu l'homme le plus heureux du monde. L'ami de Jacques qui nous a trouvé la villa ne l'a jamais vu aussi heureux. Mais il ne comprend pas très bien que nous soyons tous les deux aussi comblés, épanouis, alors que nous semblons décidés à ne pas garder l'enfant.

Au restaurant, je regarde Jacques. Son bonheur irradie : il se sait homme à part entière. Il peut être papa... Je le regarde avec intensité. Que je l'aime profondément ! Je l'aime et je voudrais tant conserver l'enfant... Et je me dis que, dans le fond, lui aussi souhaite le garder...

L'adorable Virginie Pradal, quand je lui apprends que je suis enceinte mais que nous ne pensons pas garder l'enfant, ne veut rien entendre. Elle est tellement heureuse à l'idée que je porte un bébé de Jacques ! Pour elle, pas de doute : il faut coûte que coûte le garder.

– Je veux voir ce bébé, nous dit-elle, le voir, le toucher...

Le désir de Virginie est tellement communicatif, elle fait preuve de tant de persuasion, que je ne sais plus... L'envie d'être maman, de donner un bébé à Jacques, reprend le dessus. Je sens que lui aussi, dans le fond, il le voudrait bien, cet enfant.

D'autres amis importants me donne leur avis. L'un me met en garde contre la santé fragile de Jacques... Que m'arriverait-il si Jacques disparaissait ? Je me retrouverais seule, toute seule avec quatre enfants ! Réfléchis, sois raisonnable !

Un couple d'amis, lui, me dit de ne pas avoir d'idées noires, que s'il arrivait un pépin à Jacques, l'enfant ne serait pas seul puisque ses parents étaient là.

Ballottés entre un jour oui, un jour non, nous prenons finalement la décision de le garder. Nous allons nous marier, officiellement cette fois, avant que ça se voie trop.

À chaque fois que nous nous retrouvons seuls, il place sa main sur mon ventre. Il me dit de sa voix pleine de tendresse :

– Mon bébé noir va me faire un beau bébé chocolat au lait.

– S'il a tes yeux, et il les aura, il sera vraiment magnifique...

*

Mais voilà qu'un soir Jacques va une fois encore très mal. Il vient de recevoir une mauvaise nouvelle à propos des affaires qu'il tente difficilement de régler.

– Mon bébé, m'explique-t-il, une personne s'acharne sur moi, veut me faire crever... Je ne veux pas que tu te retrouves seule avec un enfant de plus à élever et des tas de dettes par-dessus le marché. En plus, on ne peut pas se marier officiellement tout de suite...

Je ne parviens pas à manger. Plus rien ne passe. Je vais mal, moi aussi. Bientôt, à neuf de tension, la nature fera le reste, réglant le problème à sa façon.

Pour tenter de me consoler, Jacques me répète :

– Ne pleure pas, bébé. Ne retenons une seule chose de tout ça : je peux avoir un enfant. Nous recommencerons.

*

Ne pleure pas ? Mon pauvre amour, c'est vrai que je ne pleure plus : je n'ai plus de larmes. Mais, écrire tout ceci, mot après mot, dans la souffrance, c'est une autre sorte d'accouchement...

Tu m'as souvent photographiée et j'ai sous les yeux un gros plan que tu avais fait de moi alors que je venais d'apprendre que j'étais enceinte.

Je l'ai encadré. Il est là, sur la cheminée.

Je n'oublierai jamais ce que tu m'as dit quand la photo a été développée :

– Là, mon bébé noir, il y avait un bébé chocolat dans ton ventre.

13

Avant de raconter la fin de notre histoire, je ressens le besoin de me remémorer quelques petits instants du bonheur de tous les jours, histoire, tout simplement, de me donner du courage...

*

Quand nous étions à Paris, une fois rentrés, le soir, et après avoir pris notre douche, nous descendions dîner au restaurant. C'était le japonais, le lyonnais ou, le plus souvent, le chinois. Celui qu'on appelait « notre cantine ». Ensuite, nous aimions bien nous promener un peu dans les environs des Champs-Élysées.

Puis on rentrait retrouver notre lit bien douillet. Je lui préparais sa tisane. Il aimait que je lui masse le dos. Il était content quand je réussissais à lui faire craquer les vertèbres. Je lui massais les pieds et, pour finir, la tête. Il adorait ça. Un jour, il m'a dit :

– Sais-tu qu'il y a une boutique de massages, sénégalaise, qui vient d'ouvrir ? Dire que, moi, j'ai la chance d'avoir mon bébé sénégalais qui me masse chaque soir !

*

Il me disait :

– Viens, on va faire un « colis et ticket ».

Cela signifiait se blottir dans ses bras, ma tête sur son épaule. Et on regardait la télé ; on discutait à n'en plus finir. De tout, de rien.

Il me parlait souvent des gens de cinéma. Au début, ces gens, je ne les connaissais pas. J'ai vite retenu les noms qu'il citait avec beaucoup de respect : Claude Lelouch, Christian Fechner, Jean Becker, Hervé Truffaut, Francis Veber, Jacques Kirchner. Je croyais que c'étaient des acteurs.

– Non, bébé, il s'agit de réalisateurs et de producteurs...

Et il me demandait de lui parler de ma famille, de mon enfance au Sénégal. De ma religion. Et quand, à ce propos, il me reparlait de son vrai père, kabyle, il aimait bien ajouter :

– Et n'oublie pas que ma grand-mère était égyptienne. Peut-être que mes beaux yeux que tu aimes tant viennent du pays des pharaons !

*

Le lit. Notre lit....

Elle est fichue, ma parenthèse que je voulais faite de petits bonheurs. Des petits bonheurs doux, des petits bonheurs fous, et voilà...

Quatre jours après son décès, dans l'appartement où nous vivions, j'ai vu notre lit démonté pièce par pièce, bien ficelé, prêt à partir. Je me suis dit au fin fond de moi que je le voulais, ce lit, notre lit, celui où nous avions passé de si beaux moments de tendresse.

Quand Jacques se réveille tôt, je fais semblant de continuer à dormir et j'attends que toutes les radios, toutes les télés de l'appartement soient allumées, et que l'odeur du bon café parvienne à mes narines. Et je l'attends.

Après avoir pris son café, il entre dans la chambre et dit :

– Est-ce que mon bébé noir dort ?

Et là, j'enlève la couverture qui me cache le visage. Je le regarde et lui offre un grand sourire, ce sourire qu'il aime tant, ce sourire qui me vient en droite ligne du cœur parce que, tout simplement, je suis heureuse qu'il vienne me réveiller. Il s'assoit au bord du lit et me prend dans ses bras, souriant, en me disant :

– Hmm... Tu es vraiment du chocolat chaud. Je vais te boire, je vais te manger.

– Non, si tu me manges, tu ne me verras plus et je ne te verrai plus... Et ça sera si triste que l'on pleurera dans les chaumières.

– Non, ce ne sera pas triste car je saurai te garder dans mon ventre...

Enfantillages d'amoureux. Un bonheur tout simple... Il me chatouillait les pieds et je me mettais à hurler, ce qui le faisait rire...

Des réveils comme ceux-là, j'en souhaite à toutes les femmes amoureuses.

Sur ce lit aussi, on s'est disputés très fort. Et j'ai boudé. Ce qui m'a valu le surnom de boudeuse.

Notre lit...

Voilà pourquoi j'ai eu si mal quand je l'ai vu ainsi, démonté, ficelé...

*

Décidément, il est difficile d'évoquer les petits bonheurs sans que naisse un écho de malheur...

Jacques m'a fait aimer Brel. Il m'a offert le livre de Madly. Je ne pouvais pas deviner que ce serait une chanson de Brel qui accompagnerait son dernier voyage.

Grâce à Jacques, je me suis mise à aimer les chansons de Brassens, de Léo Ferré, de Jacques Dutronc. Brel était, je crois, son préféré. Je ne me lasse pas de découvrir son répertoire. Mais j'y vais à petits pas : je pleure trop souvent en l'écoutant.

Comme dit la chanson d'un ami de Gilles :

Les petits malheurs quand
Les petits bonheurs s'en
Vont
C'est un grand malheur...

Petits ou grands, il est vrai que bonheur et malheur ne sont que les deux faces d'une même pièce. Et la vie, c'est face ou pile...

*

Mais je ne veux pas laisser les souvenirs douloureux l'emporter. Il ne faut pas qu'ils viennent gâcher les bons moments. Quand ça va mal, lorsque l'absence devient pesante, j'aime me remémorer les jours tranquilles...

Jacques était un lève-tôt : il se réveillait entre 5 et 6 heures et allait tout de suite dans la cuisine où il allumait la radio et la télé avant de préparer son petit déjeuner. Il lui fallait beaucoup de café pour accompagner les nombreuses tartines beurrées qu'il se préparait avec gourmandise !

Ces tartines, ce n'était pas n'importe quoi ! C'était du pain fait maison, préparé par Bergit, l'épouse de Patrick Villain. Et c'était son ami Patrick qui, toutes les semaines, en assurait la livraison !

Une fois rassasié par ce copieux petit déjeuner, il s'octroyait un café corsé, très très fort, style expresso italien.

Ensuite, il s'installait dans son bureau et commençait à téléphoner. J'en souris encore car, forcément, il trouvait peu de correspondants au bout du fil vers 7 heures du matin ! Alors, il râlait, maugréant :

– Les hommes d'affaires qui ne décrochent jamais leur téléphone, c'est tout de même bizarre...

Seuls deux amis répondaient à ses appels matinaux, même à 6 heures : c'étaient Patrick Villain et Jacques Kirchner.

Ensuite, il venait me réveiller. Avec infiniment de douceur.

S'il n'avait pas un tournage en cours, on sortait vers midi. Nous allions nous promener, faire du lèche-vitrine. Puis venait l'heure du restaurant. Après le déjeuner, c'était la sieste, rituelle.

L'après-midi, il travaillait : soit sur un scénario avec un réalisateur, soit en me demandant de lui faire répéter un rôle. Quels bons souvenirs ! Là, je me prenais pour une grande actrice donnant la réplique à un comédien de renom. J'étais tellement dans le rôle qu'il devait souvent me dire :

– Bébé, ne te mets pas dans tous ces états... C'est juste pour me faire apprendre mon texte !

Et le soir, en général, nous sortions voir des amis, surtout ceux du milieu du cinéma, qu'il aimait rencontrer en dehors du travail : en particulier les Fechner, Truffaut, Becker et Kirchner.

Il avait également gardé des relations très étroites avec quelques rares amis d'enfance, Dominique Bussereau, par exemple, devenu ministre, sans oublier son cher Thierry dont j'ai parlé à plusieurs reprises. Mais, lui, il habitait Saint-Omer.

C'était la vie de tous les jours. La belle vie...

*

La belle vie en prenait parfois un coup. Fallait assumer...

Par exemple lorsque, quatre jours avant le tournage de *Vipère au poing*, Jacques avait reçu de mauvaises nouvelles des impôts. Il était parti noyer son chagrin. J'étais à Lille mais, comme le téléphone demeurait anormalement muet, je m'étais inquiétée et, ayant tout de suite compris qu'il y avait un problème, j'avais vite repris le train pour Paris.

Je commençais à connaître les endroits que Jacques pouvait fréquenter dans ces moments de détresse et ne tardais pas à le retrouver. Quand il me voyait arriver il disait :

– Ah, mon bébé noir a débarqué...

Et il me prenait dans ses bras en pleurant. Je sais que ces pleurs voulaient dire : « Aide-moi, ne me laisse pas tomber comme les autres femmes. »

Je lui demandais alors de rentrer et il me suivait. On n'avait heureusement que quelques minutes de marche pour regagner la maison. Les gens nous regardaient. J'étais gênée, mais mon amour pour Jacques était plus fort que n'importe quel œil fixé sur nous, réprobateur ou attristé.

Parfois, cependant, quand je le rejoignais en ces moments difficiles, il était sur la défensive, me disant alors :

– Rentre donc à Lille, j'en ai assez bavé avec les femmes autoritaires...

Dans ce cas-là, j'appelais notre ami Jo au secours. Il arrivait très vite, avec sa patience et son grand respect pour Jacques. À nous deux, nous parvenions à le ramener à la maison.

Un jour, je l'ai récupéré à 14 heures alors qu'on l'attendait sur un plateau de tournage pour 19 heures. Il est rentré et s'est couché. Je l'ai laissé dormir jusqu'à 18 heures. Lorsque je l'ai réveillé, il m'a dit :

– Rentre à Lille et laisse-moi mourir tout seul.

Là, je me suis mise en colère et lui ai dit :

– Lève-toi et va bosser ! On t'a payé des millions pour ça. Si tu ne fais pas gaffe, ils vont te coller un huissier, et là tu auras de vrais problèmes d'argent...

Il m'a répondu :

– Laisse-moi. De toutes les façons, tu me laisseras tomber comme les autres femmes.

Je me suis calmée et lui ai dit, doucement, gentiment :

– Jacques, regarde-moi et écoute-moi. Jamais je ne te quitterai. Je ne suis pas comme les autres femmes. Je t'aime et tout ce que je te demande est de te lever et d'aller travailler.

Dans son regard, j'ai tout de suite vu qu'il allait céder. Et là, mon Jacques est redevenu un enfant que j'ai aidé à se doucher et à s'habiller. Je lui ai préparé un bon café corsé comme il les aimait.

Pendant ce temps-là, le cher Jo nous attendait avec une patience qui n'appartenait qu'à lui...

Quand nous sommes arrivés sur le tournage, tout le monde nous attendait. Et là, en un clin d'œil, mon Jacques a retrouvé ses marques et tout est redevenu merveilleux. Les heures de cauchemar se sont envolées, comme par magie.

Le lendemain, il m'a prise dans ses bras et m'a dit :

– Heureusement que mon bébé était là, sinon j'allais faire l'andouille pendant quelques jours. Je sais que tu n'es pas comme les autres femmes. J'en connais une que cela arrangeait que je boive.

Décidément, le passé l'avait marqué... Je repense, à ce propos, à la première fois que je l'ai appelé « mon amour de chéri ». Il m'avait alors regardée, tendre et songeur, avant de me dire :

– Merci... Ça me change d'une autre femme qui me traitait de bougnoule...

À la réflexion, je crois que Jacques a trouvé chez moi sa moitié. Car, finalement, il est né africain et musulman comme moi. Mais que Jacques ait été musulman, juif ou chrétien, peu m'importait ! C'est l'homme que j'aimais, avant tout.

*

Mais je veux revenir aux moments agréables.

Jacques avait beaucoup d'admiration pour Line Renaud. Il aimait tout autant ses chansons, son talent de comédienne, que ses qualités de cœur. Mais il ne la connaissait pas personnellement.

Lorsqu'elle nous a invités à passer une journée chez elle, il était aux anges. Et, alors que nous étions en chemin, il m'en avait longuement parlé, me racontant tout son parcours artistique.

Je me souviens qu'il m'avait expliqué que Line était une fille du Nord :

– Comme toi, bébé ! Toi, tu étais fille du Sud, mais aujourd'hui tu es un peu chti sur les bords, pas vrai ?

– Un peu, mais tout de même pas au point d'être confondue avec une brune aux yeux bleus !

Nous avions ri et il avait ajouté :

– Elle, c'était mademoiselle *from* Armentières !

Comme je le regardais d'un air interrogateur, il m'avait expliqué : c'est le titre d'un de ses premiers succès. Et il avait continué :

– Elle a aussi été meneuse de revue, à Las Vegas. C'est quelqu'un, tu sais ! Quelqu'un de bien.

Moi, je savais, pour l'avoir vue à la télé, qu'elle participait activement au combat contre le sida. Je connaissais aussi la comédienne, que j'appréciais beaucoup, pour l'avoir vue dans quelques téléfilms.

Ce jour-là, j'ai découvert une femme adorable et je peux dire que, si Jacques était ravi de la rencontrer, la réciproque était vraie.

*

Encore du pile et face. On me demande si je regrette d'avoir réconcilié Jacques avec sa mère et sa demi-sœur... Non, malgré tout ce qui s'est passé, et que je vais devoir raconter.

Les journées que nous avons passées ensemble à Noël demeurent, malgré tout, des souvenirs heureux. Une famille qui se retrouve après une longue absence, ça n'a pas de prix. Enfin, je croyais...

C'est vrai : j'ai été heureuse de les réunir. Même si Marine, ma fille de 11 ans, m'avait dit après les fêtes :

– Maman, je vais te dire... la maman et la sœur de Jacques ne t'aiment pas.

Je l'ai houspillée, je l'ai grondée et Jacques, qui était là, m'en a demandé la raison. Je lui ai dit que je l'avais réprimandée parce qu'elle voulait ouvrir les cadeaux avant l'heure.

Bonheur, tristesse, joie, malheur... Pile et face, vous dis-je...

*

Natty Belmondo nous avait invités à Roland-Garros. Il faisait une chaleur caniculaire.

Je portais un pantalon noir et un petit haut, dos nu. Jacques trouvait que c'était trop osé, car il y aurait des tas de photographes et, en plus, son ex-femme. J'ai piqué une colère salutaire. Une sorte de crise de nerfs. Je lui ai dit que je me foutais de son ex-femme. Qu'elle ne me faisait pas peur.

– Si, toi, tu la crains, c'est ton problème, pas le mien.

J'ai ajouté que je ne vivais pas par rapport à elle ni ne m'habillais en fonction des autres. Je porterais donc ce dos dénudé et basta ! Sinon, lui avais-je lancé, je repartais à Lille.

J'ai commencé à faire ma valise. J'étais vraiment en colère. Avec Jacques, il fallait toujours donner dans la démesure pour qu'il comprenne, qu'il sache qu'il était allé trop loin.

Il m'a pris la main et a dit :

– Bébé, je veux juste te protéger. Mais, c'est bon. Laisse tomber. On y va. On nous attend.

À Roland-Garros, j'ai découvert en Natty une femme adorable, exactement comme Jo me l'avait décrite.

Je n'avais jamais vu un match de tennis de ma vie. Jacques a eu la patience de m'en expliquer les règles. Ce fut une superbe et radieuse journée.

*

Jacques n'aimait pas conduire.

En réalité, c'était seulement après plusieurs mois de vie commune avec moi qu'il s'était remis au volant en dehors des environs de Bernay, où il utilisait tout de même couramment sa CX.

Mais il préférait, et de loin, disposer d'un chauffeur, d'un taxi. Je me remémore en souriant les parcours que nous avons faits ensemble, vers Lille, ou encore ce voyage mémorable en Bretagne dont j'ai déjà parlé. Si une voiture nous collait de près, à son appréciation, il s'emportait, me disait :

– C'est pas possible ! Il est dangereux, celui-là ! Note le numéro de sa plaque, bébé !

Eh oui ! Jacques au volant, c'était tout un poème !

*

Il détestait que je prenne le métro. Il craignait les agressions.

– Pense à tes enfants, me disait-il. Et tu ne connais rien au plan du métro parisien, ni de Paris, d'ailleurs...

Depuis que je travaille, je reprends le métro. Et je vois les affiches de ses nouveaux films. Je m'adresse alors souvent à lui, à son visage sur l'affiche :

– Excuse-moi, désolé, mon amour, mais c'est comme ça...

Et je l'imagine me répondre :

– Toujours aussi têtue, mon bébé !

*

Août 2004. Juste avant notre mariage traditionnel, nous étions allés dîner chez Serge Rousseau, l'agent de Jacques, et Marie Dubois, son épouse, dans leur maison de campagne en Normandie. Dominique, leur fille, était là avec son enfant. J'avais emmené Margaux qui s'était bien amusée avec la petite-fille de Serge et Marie.

Ces parties de campagne, c'est tout ce que Jacques aimait. Ah ! des déjeuners, des dîners avec de bons, de vrais amis... en pleine nature. Il adorait. Quand je croisais Serge et Marie, je devinais dans leur regard le bonheur de nous savoir heureux.

*

Après la mort de Jacques, j'ai rencontré un acteur étranger, dont j'ai oublié le nom, sur le tournage de *L'Entente cordiale*. Il était également professeur d'art dramatique, en France.

Il est venu vers moi, s'est présenté en me disant qu'il m'avait déjà vue quelque part. Je lui ai répondu que cela ne pouvait être que dans la presse, aux côtés de Jacques Villeret. Il m'a alors parlé de Jacques avec beaucoup d'émotion. Comme d'habitude, je me suis mise à pleurer et là, il m'a dit :

– Il y a beaucoup de grands acteurs, mais il n'y a pas beaucoup de grands hommes chez les grands acteurs. Et Jacques était, lui, les deux.

Beaucoup de gens viennent me parler de la carrière de Jacques, de son talent, bien sûr, mais aussi, et surtout, de sa gentillesse et de sa simplicité. Cela me touche, me fait du bien. Mais je voudrais tant qu'il soit là à mes côtés pour entendre tant de compliments, tant de louanges... Hélas !...

Alors je pleure.

*

Mais, Jacques, tous ces moments de bonheur que nous vivions ensemble, il m'arrivait de ne pas en profiter sans retenue car je craignais que cela finisse mal. Que tu déconnes. J'avais peur pour ta santé et on se disputait. Je te disais :

– Jacques, j'ai déjà perdu un mari, je ne veux pas en perdre un autre.

Tu me répondais :

– Tout va bien, bébé. Tu ne crois tout de même pas que je vais te laisser toute seule !

– Mais ce n'est pas toi, lui disais-je, qui décides quand tu vas mourir.

– Ne t'inquiète pas. Je ne te laisserai pas sans rien.

Et cela me faisait hurler de rage :

– Je n'en ai rien à foutre, de ton argent ! C'est toi que je veux !

Au lieu de te mettre en colère, tu rigolais et tu me disais :

– Viens, mon bébé noir, je ne vais pas mourir, tout va bien.

*

Mais il me faut quitter ces petits moments grappillés au gré de mes souvenirs car, non, tout n'allait pas bien.

Pas bien du tout.

14

Et voici venu le moment de partir pour mon voyage au Sénégal. Nous passons une belle soirée d'adieu. Celle au cours de laquelle il m'a dit :

– Bébé, deux semaines, c'est trop long.

Le jour du départ, il veut m'accompagner à l'aéroport. Mais je n'aime pas l'idée de le laisser seul dans un endroit où il y a des tas de gens, où il sera importuné. On se dit donc au revoir à la maison.

Il me fait des tas de recommandations adorables, comme un papa protecteur :

– N'oublie pas de prendre tes médicaments, bébé... Ne bois pas n'importe quelle eau... N'oublie pas non plus, bébé, de faire le passeport de ta maman pour qu'elle puisse venir en France à l'occasion de ton anniversaire.

Et il ajoute :

– Et pour notre mariage, aussi, en juin.

Je lui explique encore une fois – la dernière... – comment on lit un SMS et comment on l'envoie. Je dois avoir l'air inquiète, car il me dit, rassurant :

– N'aie pas peur, bébé, ne crains rien, je ne ferai pas la fête en ton absence. Je serai sérieux.

Il faut maintenant que j'y aille. Jacques m'accompagne à la station de taxis. Le chauffeur range mes valises. Jacques s'amuse à prendre un fort accent africain, caricatural :

– Mon bébé noir va me manquer, me manque déjà...

Je lui dis que lui aussi, mon amour, va me manquer terriblement. Il m'embrasse et, toujours avec l'accent, me répond :

– D'accord, d'accord...

Il m'embrasse encore. Je m'installe dans le taxi. Il me regarde, ses beaux yeux remplis d'amour. Il me fait au revoir de la main. Il a un petit sourire, tout petit.

Tous ces instants, ces mots, ces gestes et ces regards, je souhaite ne jamais les oublier. Ce sont des moments sacrés que je me remémore de temps en temps, quand j'en ai le courage. Mais parfois ils n'attendent pas que je les appelle, s'imposant d'eux-mêmes avec force : une série de flashes qui me tombent dessus n'importe où, en n'importe quelle circonstance. Je ne sais alors que pleurer.

Car, en nous disant au revoir ce jour-là, nous scellions, sans le savoir, notre adieu. Ma dernière image de Jacques est celle d'un visage un peu triste qui me regarde à travers la vitre d'un taxi. Puis d'une silhouette immobile qui disparaît d'un coup, quand le taxi tourne au coin de la rue.

C'est la dernière fois que je le vois, mon Jacques, mon Jackie Chan, comme je l'appelais souvent dans l'intimité. Mon amour de chéri, mon acteur préféré, mon tout. Mon Dieu.

Si j'avais deviné que c'était la dernière fois que je le voyais vivant, jamais je ne serais partie pour le Sénégal.

*

Dans le taxi, j'ai encore envie de lui crier mon amour. Coucou, mon amour, je veux te dire que bébé noir t'aime très fort et que tu vas lui manquer. Je lui expédie un SMS.

Il me rappelle très vite :

– Dis bravo à bébé blanc car il a su lire le SMS tout seul.

Il n'arrête pas de m'appeler, à l'enregistrement, dans le bus qui m'emmène vers l'avion, puis dans l'avion. Il me demande si je suis bien installée.

Et c'est Dakar. Avant que les bagages n'arrivent, il m'a déjà appelée trois fois sur le portable de mon frère Amadou, qui est venu m'attendre à l'aéroport, et deux fois chez ma sœur, là où je vais passer ma première nuit.

Ma sœur me dit de le rappeler tout de suite, pour le rassurer...

Jacques m'engueule presque :

– Tu sais bien que je suis terriblement angoissé lorsque tu prends l'avion.

Il se calme pour me demander le temps qu'il fait à Dakar et quand je verrai ma mère.

C'est à Saint-Louis, le surlendemain, que je revois ma mère. Tout se passe bien. Jacques appelle et appelle encore. Il me raconte ce qu'il fait en France, je lui relate mon emploi du temps au Sénégal. Il pose des tas de questions, n'est jamais rassasié de détails. Il aurait vraiment voulu être là.

Mercredi 19 janvier 2005.

C'est aujourd'hui qu'a lieu le tournage de la prochaine émission de « Vivement dimanche ». Jacques est sur le plateau de Michel Drucker, invité, comme je l'ai dit, par Jean-Pierre Raffarin, en compagnie de Jean Becker et André Dussolier. Après l'émission, il se trouve au restaurant et m'appelle :

– Je te passe quelqu'un, me dit-il.

Je reconnais la voix de Jean Becker. J'en suis très heureuse, Jean est un homme si gentil ! Ils me disent que l'émission s'est très bien déroulée. Tant mieux : je suis contente pour Jacques car je sais qu'il appréhende toujours les passages à la télé même si, pour celui-là, il était moins inquiet car avec Michel Drucker il était en confiance.

Je ne peux m'empêcher de penser que, sans la contrainte de cette émission, il m'aurait accompagnée au Sénégal...

Jeudi 20 janvier.

L'après-midi, il m'appelle et me dit :

– Tu sais, bébé, je suis terriblement fatigué.

Je lui dis qu'il a besoin de récupérer :

– Va à Anet le plus vite possible. Là-bas tu te reposeras. Tu seras tranquille. Marco et Annie t'attendent. Ils s'occuperont bien de toi...

– Tu as raison, bébé. J'appelle Marco pour qu'il vienne me chercher.

Marco n'était pas seulement son employé. Avec son épouse Annie, ils étaient devenus très rapidement bien davantage, quasiment des amis pour lui. Il n'arrêtait d'ailleurs pas de me dire combien Marco lui inspirait confiance.

Le soir de ce jeudi 20 janvier, j'appelle Jacques sur son portable pour savoir s'il est bien arrivé à Anet. Pas de réponse. Je m'inquiète. J'appelle la maison pour savoir s'il est rentré. Je lui laisse des messages du genre : « Je m'inquiète, Jacques, je t'en prie, appelle-moi... »

Vendredi 21 janvier.

Vers 8 heures du matin, je suis rassurée. Je reçois un appel de Jacques qui me dit :

– Je ne comprends pas, bébé. Pourquoi tu t'inquiètes ? Tout va bien.

– Mais d'où m'appelles-tu ?

– Je suis à Paris, à la maison.

– Pourquoi n'es-tu pas allé à Anet ?

– J'y vais cette après-midi.

Vers 18 heures, j'appelle à Anet pour savoir si Jacques est enfin arrivé dans sa maison de campagne. Comme ils me répondent par la négative, je demande à Marco et Annie d'aller le chercher à Paris avant que ça ne tourne mal, car je me fais un sang d'encre.

Marco et Annie y sont allés.

Jacques les fait attendre jusqu'au dimanche.

Dimanche 23 janvier.

J'appelle Anet. Annie me dit que Jacques dort.

Je raccroche, attristée et furieuse tout à la fois. Pour moi, pas de doute. Malgré ses promesses, Jacques a laissé une fois de plus son pire ami, son meilleur ennemi, comme on voudra, prendre le dessus.

Lundi 24 janvier.

J'appelle vers midi. Annie me dit qu'il dort.

Je lui demande de m'expliquer ce qui se passe vraiment.

Annie et Marco me disent que Jacques dort beaucoup mais que l'alcool n'y est pour rien : il n'a pas bu.

– Alors il est malade, dis-je à Annie. Il faut qu'il voie le médecin. Appelez-le tout de suite !

Jacques ne veut pas. Il a horreur des médecins. Il en a une peur bleue lorsqu'il ne se sent pas très bien.

Mardi 25 janvier.

J'appelle. Marco me passe enfin Jacques. Je lui dis :

– Jacques, ça ne va pas ? Tu es malade ?

– Non, tout va très bien.

– Mais alors, pourquoi ne m'appelles-tu pas ?

– Bébé, je me sentais très fatigué. J'ai donc beaucoup dormi. Quand rentres-tu ?

– Je prends le vol du jeudi 27, à 23 heures, et j'atterris vendredi 28 au matin vers 6 heures. Jacques, si tu te sens malade, promets-moi d'appeler ton médecin...

Mercredi 26 janvier.

Je téléphone. C'est Jacques qui décroche. On parle un peu et la communication est coupée. Il me rappelle aussitôt.

– Jacques, je me rends bien compte que tu ne vas pas bien. Ça s'entend à ta voix...

– Ça va, ça va. Je m'ennuie de toi. Je fais un coup de déprime.

– Mon amour, je rentre après-demain, vendredi 28, à 6 heures du matin. Je file à Lille embrasser les enfants, et vendredi soir je suis dans tes bras.

Comme Jacques veut montrer sa maison à tous ses amis, il en attend deux le soir du 26. Je me dis que je ne vais donc pas l'appeler.

Jeudi 27 janvier.

Le matin, j'ai un message d'Annie :

– Jacques nous a fait très peur. Mais tout va bien. Il a été hospitalisé à Évreux.

Ma tête tourne. Je tremble. Je ne tiens plus sur mes jambes. Je dis à ma sœur que mon mari a été hospitalisé. Je perds ma voix. J'appelle Annie, qui me rassure.

– Jacques t'attend, me dit-elle. Il a demandé que l'on t'avertisse.

Je demande à Annie si elle a prévenu les parents de Jacques. Elle me dit que non. Je lui dis :

– Fais-le, c'est mieux.

C'est ce qu'elle fait.

Et Annie me dit qu'elle retourne voir Jacques l'après-midi.

Je raccroche et j'appelle son médecin traitant à Paris. Je lui explique ce qui se passe et lui dis qu'il faut emmener Jacques à Paris. Je lui communique le numéro de Marco et Annie pour qu'ils le mettent en relation avec le médecin qui s'occupe de Jacques à Évreux.

J'essaie de joindre Annie vers 16 heures sur son portable afin de pouvoir parler à Jacques. Mais le téléphone est éteint. Je laisse un message. Annie me rappelle pour me dire que tout va bien :

– On a dit à Jacques que tu prenais l'avion ce soir.

Quand j'embarque vers 23 heures, je ne me sens pas bien. Je pique une crise de nerfs. Je refuse la boisson et le repas proposés pendant le vol. Je pleure pendant des heures.

Je décide de ne pas aller à Lille mais de me rendre directement à Évreux. Et j'imagine, à mon arrivée à Paris, des tas de journalistes venus me demander ce que je pense du décès de Jacques Villeret. J'ai peur. Mon cœur bat très vite.

L'avion atterrit. Il faut que je sorte. J'étouffe.

Il est 6 heures du matin.

Je ne m'occupe pas de mes bagages. Il faut que j'appelle Annie, que j'aie des nouvelles de Jacques !

Je sors ma carte de téléphone, qui me tombe des mains. Et je me retrouve nez à nez avec Marco et Annie en pleurs... Je les regarde, je ferme les yeux, je me bouche les oreilles. Je fais demi-tour. Je me sauve. Cinq minutes après, je suis de retour, devant eux, prête à écouter ce que je ne voulais pas entendre.

Je dis à Annie :

– Il est mort.

Elle me répond :

– Non.

Elle ajoute :

– Mais les médecins ont dit que ce n'était plus qu'une question d'heures.

15

Nous prenons la voiture. Direction Évreux. Je pleure, je pleure. Pourquoi, Jacques ? Je ne veux pas qu'il meure. Mon Dieu, aide-moi. Il ne peut pas nous faire cela. Si Dieu réunit les gens qui s'aiment, il ne peut pas les séparer.

J'apprends que ses parents et sa sœur sont déjà à l'hôpital. J'ai pensé à leur souffrance.

J'arrive à l'hôpital. Il est alors à peu près 9 heures. Je retrouve ses parents. Tout le monde pleure. L'infirmière me demande si je veux voir Jacques. On me donne les vêtements adéquats.

Sa sœur est là. Je la regarde. Je me dis qu'elle aussi doit être terriblement malheureuse de voir son frère dans cet état. Malgré mon désarroi, je trouve qu'elle ne manifeste aucune chaleur à mon égard. Je me dis, sans trop y penser : « C'est le choc, elle est aussi bouleversée que moi... » Avec le recul, je pense maintenant que, à partir du moment où elle a compris que son demi-frère allait mourir, je devenais la femme à éliminer.

Je le regarde sans oser le toucher. Vers 10 heures, tout le monde décide de rentrer à Anet pour se reposer. Je ne veux pas quitter l'hôpital.

– Viens avec nous, Seny. Viens te reposer, toi aussi, me dit Annie.

– Non, je veux demeurer près de Jacques.

*

Je suis seule avec mon amour chéri. Je lui parle :

– Tu es Jackie Chan, réveille-toi... Ton bébé noir est là.

Je lui fais des caresses, des bisous.

J'ai remarqué que, à chaque fois que je lui parlais ou lui caressais la tête, les lignes qui ondulaient sur le moniteur placé près du lit s'emballaient. Je suis persuadée que Jacques m'entend. Le médecin vient et m'explique ce qui s'est passé. Là, je comprends que tout est fini.

C'est vers 17 heures, je crois, que Jacques cesse de lutter avec la mort. Ses parents, sa sœur, Annie et Marco viennent juste d'arriver. Je sors en pleurant.

– Que se passe-t-il ? me demande sa mère.

– C'est son cœur.

Je m'effondre en pleurant de plus belle. On m'a ensuite reproché d'avoir manqué de discrétion. Comme si, dans cette douleur indescriptible, j'aurais dû me préoccuper en priorité d'une quelconque discrétion ! Comme s'il était indécent de laisser s'exprimer la douleur ! C'est pourtant cela que sa mère m'a reproché, me menaçant même de m'empêcher de venir à l'enterrement.

Au bout de dix minutes, le médecin vient nous confirmer que c'est fini. À cet instant-là, je comprends que je ne suis plus la compagne de Jacques. Ses parents, sa demi-sœur se sont regroupés en pleurant, s'isolant dans une salle d'attente. Me laissant seule dans le couloir. Je les vois parler entre eux dans leur chagrin et moi je suis là, isolée, rejetée. Seule.

Je me suis sauvée et j'ai erré dans les rues d'Évreux. Je suis devenue un robot, un robot qui pleure, qui est triste, un robot qui est perdu, qui vient de perdre son amour, qui erre au hasard des rues.

J'entre dans une église. Je suis musulmane, mais l'église est la maison de Dieu, et il faut que je parle à Dieu. Je m'assois après avoir éteint mon portable.

– Mon Dieu, je voulais savoir si tu existes vraiment...

J'étouffe. Il faut que je reparte pour Lille.

Je sors de l'église. J'allume mon téléphone. Hervé Truffaut m'appelle.

– Tu es où, Seny ?

– Je ne sais pas très bien. Dans les rues d'Évreux.

– Retourne à l'hôpital. Jo est là. Il t'attend. Il te ramène à Paris.

Je ne sais pas combien de temps j'ai erré dans les rues. J'arrive enfin à l'hôpital. Jo me prend dans ses bras et l'on pleure ensemble.

Il m'emmène voir Jacques. On dirait qu'il dort paisiblement. Je le touche, je le regarde. Je ne veux pas le quitter parce que je sais que c'est la dernière fois que je le vois.

*

Cette fois, je quitte l'hôpital définitivement.

On arrive à la maison d'Anet. Je sens tout de suite que je suis de trop dans cette maison que j'ai cherchée et trouvée avec Jacques, où je l'ai accompagné pour les signatures. Notre maison.

Il me disait :

– Tu sais, bébé, que moi, je n'ai pas besoin de cette maison. C'est pour toi et tes enfants...

J'entends la demi-sœur de Jacques parler à Annie et lui dire :

– Viens avec moi.

Je les vois monter à l'étage. Puis la demi-sœur de Jacques descend avec un de ses costumes. Je comprends que c'est ce costume qu'elles veulent lui faire porter pour son dernier voyage. Quand je vois ça, je dis qu'il faut que je leur rafraîchisse la mémoire, à la demi-sœur comme à la mère...

Je voudrais leur rappeler que c'est moi, Seny, qui ai organisé au mois d'août leur rencontre avec Jacques ! Et nous avions alors passé un agréable séjour tous ensemble. C'est encore moi, Seny, qui ai réuni tout ce beau monde à Noël. Trois jours ensemble.

Je voudrais ajouter :

– Et là, vous m'avez vue vivre avec Jacques, vous avez pu voir l'intensité de notre bonheur. Dois-je vous dire que Jacques et moi allions nous marier officiellement ? Que nous l'avions fait religieusement, selon la coutume de mon pays, ici même, dans cette maison ?...

Je passe à la cuisine, où se trouvent les deux femmes, et je commence à leur dire les projets que nous avions, Jacques et moi. Mais je dois m'arrêter. Me taire : leur regard a la force d'un revolver. Jacques est mort, je n'existe plus. Pas une seconde de plus.

*

Elles ne veulent plus me voir, plus jamais. Je suis de trop. On va m'enterrer aussi, en même temps que mon Jacques...

Je ne sais plus où me mettre. Je m'assois sur les marches des escaliers. Je les entends discuter des funérailles.

*

J'appelle Jo à l'aide. Je lui demande d'aller leur parler :

– Dis-leur qui était Jacques, elles ne le savent pas. Jamais elles ne m'écouteront.

Il m'avait dit, Jacques, qui, encore une fois, avait raison :

– Bébé, ne rentre pas ma mère ni ma demi-sœur dans notre vie...

Comment leur expliquer que Jacques m'avait parlé du Père-Lachaise, le fameux cimetière parisien où tant de personnalités du théâtre, du cinéma, des arts, de la poésie, reposent. Il m'avait parlé de Sarah Bernhardt, de Frédéric Lemaître, de Deburau, de Brasseur, d'Apollinaire, de Delacroix...

Je sais qu'il aurait souhaité reposer là. Il avait de nombreuses fois arpenté les allées du Père-Lachaise en compagnie de son ami Gilles Durieux, qui semblait connaître par cœur le contenu de tous les cimetières de France et de Navarre... Je sais qu'ils s'étaient recueillis sur la tombe d'Apollinaire. Et j'entends encore Jacques dire, à la perfection, *Le Pont Mirabeau*, ce poème d'Apollinaire qu'il connaissait par cœur :

Sous le pont Mirabeau coule la Seine
Et nos amours
Faut-il qu'il m'en souvienne
La joie venait toujours après la peine
Vienne la nuit sonne l'heure
Les jours s'en vont je demeure
Les mains dans les mains restons face à face
Tandis que sous
Le pont de nos bras passe
Des éternels regrets l'onde si lasse
Vienne la nuit sonne l'heure
Les jours s'en vont je demeure

Jacques avait un tel talent de conteur que, à chaque fois qu'il me disait ce beau, très beau poème, j'avais l'impression qu'il venait de l'écrire pour moi.

Un soir, il avait arrêté sa voiture sur le pont Mirabeau, juste pour me réciter le poème en me tenant la main. Il m'avait aussi offert les *Poèmes à Lou* du même Apollinaire.

Mais ce jour-là, face à ces deux femmes obstinées, je suis loin de penser aux poètes préférés de Jacques. Je ne parviens pas à leur faire entendre que le corps de Jacques doit faire une halte à Paris pour que ses milliers de fans, ses innombrables amis, puissent une dernière fois le saluer à l'église Saint-Roch, où sont passés les plus grands comédiens de France, après leur trépas.

Je demande à Jo de tenter de les convaincre car moi, j'abandonne devant tant de mauvaise foi. Jo a dû se montrer persuasif car il a enfin obtenu qu'une messe soit dite à Saint-Roch, mais sans le corps de Jacques, qu'elles préfèrent rapatrier loin de la capitale et de ses dieux du théâtre.

*

Jo me demande de rentrer à Paris. En quittant la maison d'Anet, je prends une grande enveloppe contenant des tas de photos de Jacques et de moi, dont beaucoup ont été prises durant les fêtes de Noël et que j'avais offertes à sa mère.

Je sais que c'est la dernière fois que je vois cette maison.

Le téléphone n'arrête pas de sonner. Tout le monde m'appelle.

J'arrive à Paris. Le chauffeur de Jacques me prend dans ses bras.

Ma chère Alexandra Fechner est là, ainsi qu'Hervé Truffaut et Magloire. Alex est plus que présente, omniprésente. On pleure ensemble. Nous sommes si malheureuses...

16

Le samedi soir, j'apprends que le corps de Jacques avait quitté l'hôpital d'Évreux le matin même.

La mère de Jacques m'appelle :

– Seny, as-tu l'intention de venir à l'enterrement ?

Quelle question ! Je réponds :

– Bien sûr.

– Viens, mais on ne veut pas que tu pleures comme à l'hôpital.

Je lui réponds que je hurlerai, si j'en ai envie, ma douleur sur les toits du monde entier.

– Alors laisse-nous avec notre douleur, me dit-elle. Je t'interdis de venir à l'enterrement.

Sa demi-sœur ajoute qu'elles n'hésiteront pas, si besoin, à appeler la police pour m'interdire l'accès de l'église, du cimetière.

Je suis stupéfaite. Je leur dis alors qu'elles ne manquent pas de culot. Que cela faisait au moins cinq ans que Jacques refusait de leur parler, de les voir... Si elles savaient ce que Jacques pensait d'elles, comment il les appelait... Dire que j'ai tout fait pour les réconcilier... Et elles m'interdisent, elles, de venir à l'enterrement de mon Jacques !

J'appelle Hervé Truffaut au secours. Il me rassure :

– Ne t'inquiète pas, Seny. Nous irons tous ensemble à l'enterrement de Jacques.

*

Samedi 29 janvier.

Une amie de Jacques, attachée de presse, m'appelle pour me dire que tout Paris rend hommage à Jacques. Les amis de Jacques parlent dans toutes les radios. L'attachée de presse me dit que, moi aussi, je dois parler de lui.

J'arrive à l'appartement de Jacques et une journaliste est là, qui m'attend. Je lui dis tout ce que j'ai sur le cœur. Je croyais que je parlais à une journaliste de *Paris-Match*, en réalité c'était *VSD*. Mais peu importe : j'ai beaucoup apprécié cette journaliste. Elle a fait son boulot avec beaucoup d'humanité et de sensibilité.

L'après-midi, je décide de rejoindre mes enfants à Lille. Marine, la grande qui a 11 ans, pleure son tonton Jacques. Ma petite Margaux, 5 ans, me dit qu'elle a entendu à la radio que tonton Jacques est mort.

– Alors, me dit-elle, cela veut dire qu'il va rejoindre mon papa au ciel ?

Elle me demande si Charlie montera au ciel, lui aussi, avec tonton Jacques. Charlie, c'est une grosse peluche, un gros tigre blanc avec des rayures noires. Cette peluche avait été offerte à Jacques par les enfants et nous l'avions emmenée à Anet, dans notre nouvelle maison. On l'avait appelée Charlie par référence au maquilleur de Jean-Paul Belmondo. J'ai décidé de récupérer Charlie.

Honda, mon fils aîné, entre dans la chambre et me dit :

– Maman, je suis vraiment désolé...

Dimanche 30 janvier.

Dans le courant de l'après-midi, j'appelle le chauffeur qui est resté à l'appartement. Il avait, paraît-il, des tas de papiers à classer. Je lui dis bonjour. Il me répond froidement. J'entends du bruit autour de lui... Je lui demande s'il reçoit du monde. Il m'apprend alors que la mère et la demi-sœur de Jacques sont là, à côté.

J'ai compris. Je raccroche. Je fonds tout de suite en larmes...

Je me demande tout de même ce qu'elles peuvent bien faire dans notre appartement...

Lundi 31 janvier.

À midi, une amie de Jacques m'appelle pour me dire que les obsèques auront lieu le jeudi 3 février. Je raccroche et je pleure de plus belle.

Où est la justice ? Que fait-elle pour tenter de ne pas salir les trois années du bonheur qui fut le nôtre, à Jacques et à moi ? Je l'aimais, il m'aimait. Nous nous aimions tant. Nous nous étions mariés selon la tradition de chez moi. Nous allions le faire officiellement très bientôt...

À présent, c'est une autre amie qui me téléphone pour me donner des précisions sur l'enterrement, me dire quand on va mettre sous terre mon fiancé, mon mari tout à la fois. Dans mon cœur, mais pas selon la loi !

Je reçois des tas de lettres de gens qui aimaient Jacques vraiment... Des coups de fil aussi, pleins de tendresse, de ceux qui ont connu notre couple et qui étaient heureux de nous voir nous aimer.

*

Mercredi 2 février après-midi.

Jo est venu nous chercher à la gare. Je suis accompagnée de ma fille Marine, si malheureuse du décès de son tonton Jacques. Elle voulait lui rendre un dernier adieu. Elle tenait même à téléphoner à la demi-sœur de Jacques pour lui dire sa tristesse. Elle l'a fait, mais cette femme n'a même pas daigné répondre à ma fille.

J'aurais dû la protéger davantage, l'empêcher de lui passer ce coup de fil. En effet, quand on déteste la maman sans la moindre raison, gratuitement, comment pourrait-on répondre gentiment à une enfant qui veut juste vous dire un mot aimable ?

J'aurais dû imaginer que si on pouvait se comporter ainsi avec une enfant de 11 ans, tout le reste était possible... Mais j'étais loin du compte.

Avec Marine, nous devons dormir chez Hervé Truffaut. J'ai voulu, auparavant, passer par l'appartement afin d'y prendre quelques affaires m'appartenant. Mais j'ai un mauvais pressentiment.

Je dispose de mes clés. Mais je décide de sonner. Jacques n'aimait pas que je sonne. Il me disait :

– Pourquoi sonner ? Tu rentres chez toi, un point c'est tout.

Le chauffeur est là. Il ouvre la porte, ne me regarde même pas. Il se dirige vers le bureau de Jacques. Mon Dieu, je ne reconnais plus l'appartement quitté il y a quatre jours. Cet appartement où nous avons vécu si heureux est à moitié vide. Les objets personnels de Jacques ne sont plus là. Son bureau a été évacué. Ses deux césars ont disparu. Il y a eu une razzia atroce.

J'entre dans notre chambre, et là c'est l'épouvante. L'armoire est quasiment vide. Il ne reste que les vieux habits de Jacques, ceux qu'il ne portait plus. Dans la salle de bains, c'est la même désolation : même les produits de beauté ont disparu.

Je suis tellement choquée que je ne m'aperçois pas tout de suite que mon côté à moi de la salle de bains est vide aussi. Tout comme mon armoire.

Je demande des explications au chauffeur. Que sont devenues mes affaires, celles de Jacques ? Il me répond sans même me regarder :

– Dans l'entrée.

J'y ai vu des sacs-poubelle en arrivant, sans y prêter spécialement attention. Je regarde plus près : mes affaires s'y trouvent. Je suis abasourdie. Comment peut-on se comporter ainsi ? C'est inimaginable ! Et je pense qu'il faut bien plus que du mépris pour avoir osé faire ça. C'est la haine qui les a guidés. La haine ! Mais pourquoi ?

Et le lit... L'horreur, encore. Le lit, notre lit, à Jacques et à moi, est déjà démonté, ficelé... Je me dis que c'est une façon de me faire comprendre que je ne peux plus y dormir... Pourtant, j'aurais aimé y coucher encore, dans ce lit, ne serait-ce qu'une dernière fois.

Je demande au chauffeur le nom des personnes qui ont eu la triste idée de placer mes affaires dans des sacs-poubelle. Il me répond qu'il n'en sait rien. Il me dit qu'il y avait là la mère, la sœur de Jacques, la femme de ménage et le couple Marco-Annie.

J'appelle la femme de ménage et lui demande si c'est elle qui a rempli les sacs. Elle me répond que non, ce n'est pas elle. J'appelle aussi Annie qui me dit tout ignorer de la chose. Et, comme je lui réponds que le chauffeur m'assure du contraire, celui-ci s'avance vers moi, le poing serré. Il me traite alors de « fouteuse de merde ».

– Si tu continues, ajoute-t-il, je te file une tarte.

J'ai posé le téléphone et j'ai passé toute ma colère sur cet homme. Je lui ai dit que je n'étais pas une femme à qui l'on pouvait filer une tarte aussi facilement.

Il s'est réfugié dans le bureau.

Je songe à Jacques. Je l'implore, lui demande de venir me réveiller, de me sortir de ce mauvais rêve, de ce cauchemar :

– Regarde tous ces gens à qui tu as fait confiance, qui travaillaient pour nous... Regarde comme cet homme ose me traiter.

Le chauffeur me dit alors que c'est la sœur de Jacques, la coupable. C'est elle qui a placé toutes mes affaires dans les sacs. Je devine aussi que cette femme a été aidée par la femme de ménage. Elle était la seule, la femme de ménage, à avoir connaissance de certains bibelots m'appartenant. La sœur n'était jamais venue dans l'appartement.

J'ai pris les sacs-poubelle... Je les ai descendus jusqu'au quatrième étage où habitent des amis de Jacques. Révoltés par ce qui se passe, ils ne se privent pas d'aller le dire au chauffeur.

– Seny habitait cet appartement avec Jacques. C'était sa compagne. Tout le monde le sait. C'est honteux.

La haine de la demi-sœur était-elle tournée vers Jacques ou vers moi ? Je me suis posé la question car je n'ai vu cette femme que deux fois en compagnie de Jacques. Deux fois seulement.

Je me dis aussi que si cette femme respectait un tant soit peu son frère, elle n'agirait pas ainsi envers celle qu'il aimait, sa bien-aimée... Comment, vraiment, peut-on agir ainsi, manifester tant de mépris ? Comment oser jeter les objets témoins de notre vie amoureuse dans des sacs-poubelle ? Prenait-elle son frère, ses choix, pour de la simple merde, pour les traiter comme des détritus ?

*

Un jour, mon papy m'avait dit que si on vivait sans un amoureux, on vivait dans le chagrin et la haine. Je ne suis pas d'accord avec lui parce qu'il y a beaucoup de femmes qui vivent sans homme et qui sont néanmoins très gentilles, chaleureuses.

Je suis restée chez les amis de Jacques où je n'ai pu que pleurer ma colère, ma tristesse. Je pense à tout ce que me disait Jacques...

– Bébé, je veux te protéger des méchantes personnes. Elles sont plus nombreuses qu'on ne le pense. L'argent et le pouvoir, ça rend fou. Alors, si c'est par la haine qu'on a l'argent et le pouvoir, je m'en passerai.

Je rends mes clés à la concierge.

*

Jeudi 3 février.

Je me prépare pour l'enterrement de Jacques.

Quand je me regarde dans la glace, je vois que j'ai maigri, trop maigri. Depuis le vendredi 28 janvier, je ne peux rien avaler, ou presque. Quand j'ai découvert l'appartement vide et mes affaires dans les sacs-poubelle, je me suis mise à vomir.

Sabine Truffaut veut absolument que je mange un peu avant d'aller à l'enterrement. Elle a placé devant moi des tas de bonnes choses. Mais j'ai l'impression que ma gorge est cousue. Et le peu que cette brave Sabine arrive à me faire avaler, je le vomis aussitôt.

Nous arrivons à l'église Saint-Roch à 8 h 30. L'organisateur nous a placés avec la famille Truffaut au second rang. Il n'y a pas de cercueil. Seulement un très grand portrait de Jacques, près de l'autel.

Devant moi, trois personnes : deux femmes, un homme, que je ne connais pas. Je saurai par la suite que ces deux femmes sont des cousines germaines de Jacques. L'une d'entre elles se prénomme Nelly. Jacques l'aimait beaucoup. C'était la seule de la famille à qui Jacques répondait, sans façon, au téléphone.

Christian Clavier est assis à côté de moi et me prend la main. Il me dit des mots justes, simples, réconfortants. Clavier est un homme qui est toujours là quand on a besoin de lui, au bon moment. Il est bien plus qu'épatant : fraternel.

Les amis de Jacques, et ils sont nombreux, remplissent l'église. Ça fait chaud au cœur.

Derrière moi se tiennent deux personnes que Jacques aimait profondément, et envers lesquelles il manifestait même un certain respect. Il s'agit de Julien Clerc et de Jean-Claude Brialy. Jacques m'en parlait souvent.

Après l'église Saint-Roch, direction Loches, et, tout à côté, le village où elles ont décidé d'enterrer Jacques.

J'ai peur.

Je suis avec les familles Truffaut et Fechner. Gilles Durieux et Martine sont venus aussi et se mettent avec nous. Quand on entre dans l'église, le maître de cérémonie m'indique ma place quelque part en plein milieu de l'assistance, loin de la famille. Mais je suis avec les amis de mon Jacques. Il me disait souvent que sa vraie famille, c'était eux : les Fechner, les Truffaut, les Becker, les Durieux et quelques autres. Finalement, je suis donc à ma place, là, avec eux, en confiance totale.

*

Le cercueil n'est toujours pas arrivé. Le voici. Il est suivi de toute sa famille. Avant que la messe ne commence, le prêtre dit que si nous sommes tous là réunis, c'est pour sa famille et ses amis. Il dit aussi que Jacques aimait sa mère et sa sœur. Son amour était tel qu'il leur avait offert ses césars...

Je sais que ce prêtre n'a pu dire que ce que l'on avait bien voulu lui rapporter. Mais tout de même, entendre autant de mensonges, dans un lieu sacré... Si Hervé Truffaut n'avait pas été à mes côtés, je serais sortie de l'église.

Plus tard, la demi-sœur de Jacques déclarera dans les journaux que je lui avais expédié un SMS agressif... Le voici. Vous allez pouvoir en juger par vous-même : « Même dans la haine et la méchanceté, on peut rester élégante. Mes produits de beauté de marque, je te les offre. Pauvre Jacques, même dans ton cercueil, on continue à te voler et à te mentir. »

Direction le cimetière. On doit l'enterrer auprès de sa mamy qu'il aimait tant. Mais ledit cimetière est rempli. On lui a trouvé une autre place, anonyme, le long d'un mur tout aussi anonyme.

Au cimetière se sont formés trois groupes. Celui de la famille, celui du cinéma et celui des gens du village. On entend la voix de Jacques Brel qui nous chante *Ne me quitte pas* au moment même où le cercueil descend dans la fosse.

Mon Dieu, je suis mal, très mal. Mon corps, mon cœur, ma chair, tout explose de douleur. C'est à mon tour de jeter ma rose. Je m'accroupis et je parle à Jacques, tout doucement, lui dis mon amour, encore une fois :

– Tu vois, ils ne m'ont même pas laissée te voir ni t'embrasser pour la dernière fois. Mais je t'aime et jamais ne t'oublierai.

Hervé Truffaut me prend la main, se retourne et annonce aux amis que nous rentrons.

Dès la sortie du cimetière, j'éclate en sanglots. Je pleure à l'idée d'abandonner ici mon amour si chéri, mon Jackie Chan de toutes mes tendresses.

Nous sommes en route vers Paris. J'appelle les enfants. J'ai reçu plusieurs SMS. Je commence à répondre : le dialogue m'a toujours aidée.

Vendredi 4 février.

Je rentre à Lille. Je retrouve mes enfants. Je vois un médecin pour lui expliquer que je ne peux rien avaler. Je rejette tout. Je ne suis pourtant pas enceinte.

J'ai rendez-vous le 7 février à Paris.

J'ai décidé de retourner à l'appartement pour récupérer certaines affaires qui me manquent et surtout pour rendre les cadeaux que la mère et la demi-sœur de Jacques nous avaient offerts, à mes enfants et à moi-même, pour Noël. Les cadeaux étaient d'ailleurs restés dans leurs boîtes. Je trouvais que les enfants en avaient reçu trop et je voulais en garder pour les offrir à Pâques. Mais désormais, je ne veux plus rien de ces gens !

J'arrive à l'appartement. Je sonne. Jo m'accompagne. J'entends la voix du chauffeur...

– C'est qui ?

– C'est moi, Seny.

– Pourquoi faire ?

– Pour chercher le reste de ce qui m'appartient.

La porte s'ouvre. Me voici dans l'appartement avec Jo. Je dépose les cadeaux en disant au chauffeur de les rendre à ses nouveaux patrons.

– Dis-leur que je ne veux rien d'eux. Rien.

Je n'ai pas trouvé ce que j'étais venue chercher, mais peu importe, je m'en fous. Les objets, ça peut se racheter. Pas Jacques, hélas ! Malheureusement pour moi.

*

Quelques jours plus tard, une femme m'appelle. C'est Nelly, la cousine de Jacques. Elle me dit ceci :

– Je suis avec toi de tout cœur... Même si on ne se connaît pas, je voudrais garder de bonnes relations avec toi. Nous aimions notre cousin, nous le respections.

Ce coup de fil m'a profondément remuée. Depuis la mort de Jacques, ses amis ont été pour la plupart omniprésents. Leur soutien a compté. J'avoue tout de même que l'appel de Nelly m'a bouleversée. C'est sans doute la seule personne de la famille de Jacques à être totalement sincère. C'est, en tout cas, la seule qui aura su faire preuve de chaleur et de compassion.

17

Joue-moi Solitude, *Duke, que je pleure jusqu'au sommeil*[1].

28 avril 2005.

Mon amour. Le hasard fait que j'achève l'écriture de mon livre en écoutant Brel chanter *Ne me quitte pas.* Toi, tu m'as quittée physiquement, mais tu es toujours là, dans mon cœur, mon esprit.

*

Avril...

Je suis née un 10 avril.

Mon mari, Christophe, le père de Marine et de Margaux, est né un 16 avril. Nous nous sommes mariés un 17 avril.

Ma mère de cœur a rencontré le prince Rainier en avril et ils se sont mariés le 19 avril.

Le prince Rainier est décédé un 6 avril.

Mon mari, le père de mes filles, est décédé un 22 avril.

J'ai rencontré Jacques un 25 avril.

J'ai commencé à écrire ce livre le 1er avril 2004.

Je le termine ce 28 avril 2005.

Dois-je pour autant détester ce mois ? Non : ce mois, comme les autres, est fait de hauts et de bas. Comme la vie.

---

1. Léopold Sédar Senghor, « Ndessé ou Blues », in *Chants d'ombre*, Le Seuil, 1945.

Je ne suis pas superstitieuse.

Cela vous étonne sans doute, vous...

Vous qui m'avez parfois traitée comme une fille de la brousse, avec ses croyances d'un autre temps, d'un autre lieu.

Vous qui avez jugé mes pleurs trop démonstratifs, au point de prétendre m'interdire de me rendre à l'enterrement de celui que j'aime.

Vous qui avez méprisé un mariage coutumier qui était avant tout une preuve d'amour, méritant le respect.

Vous qui, à la lecture de ces pages, n'avez rien compris à mon amour filial pour la famille de cœur qui m'a aidée à survivre.

Je sais, heureusement, que vous ne représentez rien au regard de tous ceux qui m'ont connue, en particulier grâce à Jacques, et qui, eux, m'honorent de leur amitié, de leur tendresse.

Ce livre est pour eux. Mais il est d'abord et avant tout pour toi, Jacques. Toi qui me disais si souvent :

– Écris, Seny. Écris !

J'ai fait de mon mieux.

J'ai fait comme j'ai pu.

Avec mes souvenirs d'enfance, en vrac, en désordre.

Avec ceux, plus proches et plus difficiles à revivre, de notre vie commune.

Tes amis, tes vrais amis, me disent :

– Seny, n'oublie pas les trois fabuleuses années que vous avez vécues ensemble, tous les deux.

Notre infini bonheur. Comment pourrais-je l'oublier ?

*

Voilà, mon chéri. J'en ai terminé.

Comme tu le souhaitais, je laisse le soin à ton cher ami Gilles de se bagarrer avec mon écriture, de corriger mes fautes, de remettre un peu d'ordre dans tout ça, si besoin.

Il avait ta confiance. Je lui offre la mienne.

Je t'aime.

Remerciements

Je remercie Gilles Durieux pour l'aide précieuse qu'il a apportée à la réalisation de cet ouvrage.

Je remercie mes amis, ceux de Jacques qui sont devenus aussi les miens. Je les aime, ils se reconnaîtront.

À Nelly, la cousine germaine de Jacques, pour son soutien.

Je remercie ma famille, mes chers beaux-parents, Micheline et Gérard Carette.

Une pensée particulière aux fans belges et québécois de Jacques.

À mes trois amours, Honda, Marine-Amy et Margaux-Aby.

SENY

AU CHERCHE MIDI

JEAN-FRANÇOIS CARMET
Carmet intime

GILLES DURIEUX
Jean Yanne
Ni Dieu ni Maître (même nageur)

PATRICK ET OLIVIER DE FUNÈS
Louis de Funès
Ne parlez pas trop de moi, les enfants !

FLORENCE MONCORGÉ-GABIN
Quitte à avoir un père,
autant qu'il s'appelle Gabin

MARTIN MONESTIER
La Callas
De l'Enfer à l'Olympe
Passions et scandales d'un destin grandiose

ÉDITH PIAF ET MARCEL CERDAN
Moi pour toi

JACQUES PESSIS
Pierre Dac
Mon maître 63

LOÏC ROCHARD
Brassens par Brassens

CHARLOTTE VALANDREY
L'Amour dans le sang

Mis en pages par DV Arts Graphiques à Chartres.
Imprimé en France par Normandie Roto Impression s.a.s., 61250 Lonrai
Dépôt légal : août 2005
N° d'édition : 459 – N° d'impression : 052320
ISBN 2-74910-459-9